Silberberger

Die britische Limited in Österreich und Deutschland

2., aktualisierte und erweiterte Auflage

Die britische Limited

in Österreich und Deutschland

2., aktualisierte und erweiterte Auflage

von

Michael Silberberger, MBA (Birmingham, Wiesbaden)

LexisNexis®
ARD Orac

Orac-Rechtspraxis

Die LexisNexis-Gruppe weltweit

Argentinien	LexisNexis Argentina, BUENOS AIRES
Australien	LexisNexis Butterworths, CHATSWOOD, New South Wales
Benelux	LexisNexis Benelux, AMSTERDAM
Chile	LexisNexis Chile Ltda, SANTIAGO
China	LexisNexis China, PEKING and SHANGHAI
Deutschland	LexisNexis Deutschland GmbH MÜNSTER
Frankreich	LexisNexis SA, PARIS
Großbritannien	LexisNexis Butterworths, a Division of Reed Elsevier (UK) Ltd
Hongkong	LexisNexis Hong Kong, HONGKONG
Indien	LexisNexis India, NEU DELHI
Italien	Giuffrè Editore, MAILAND
Japan	LexisNexis Japan, TOKIO
Kanada	LexisNexis Canada, MARKHAM, Ontario
Malaysien	Malayan Law Journal Sdn Bhd, KUALA LUMPUR
Mexiko	LexisNexis Mexico, MEXIKO CITY
Neuseeland	LexisNexis NZ ltd, WELLINGTON
Österreich	LexisNexis Verlag ARD Orac GmbH & Co KG, WIEN
Polen	Wydawnictwo Prawnicze LexisNexis Ltd., WARSCHAU
Singapur	LexisNexis Singapore, SINGAPUR
Südafrika	LexisNexis Butterworths, DURBAN
Tschechien	LexisNexis Nakladatelstvi Orac sro, PRAG
Ungarn	HVG-Orac, BUDAPEST
USA	LexisNexis, DAYTON, Ohio

Bibliografische Information Der Deutschen Bibliothek

Die Deutsche Bibliothek verzeichnet diese Publikation in der Deutschen Nationalbibliografie; detaillierte bibliografische Daten sind im Internet über **http://dnb.ddb.de** abrufbar.

ISBN 978-3-7007-3258-7

LexisNexis Verlag ARD Orac GmbH & Co KG, Wien
Wien 2007
http://www.lexisnexis.at
Best.-Nr. 97.12.02

Foto Silberberger: Go Ahead, Birmingham

Hersteller: Prime Rate GmbH, Budapest

Geleitwort

Seit dem „Überseering Urteil“ des EuGH vom 4. November 2002, welches die Rechtsfähigkeit der im Ausland gegründeten Unternehmen wiederholt bescheinigt, haben viele Unternehmer dieses neue Gesellschaftsrecht für sich in Anspruch genommen.

In dem Urteil „Inspire Art“ vom 30. September 2004 wurde den Kritikern der Limited die letzten Zweifel genommen, indem der EuGH entschieden hat, dass auch das niedrige Haftungskapital keine rechtsmissbräuchliche Umgehung des nationalen Gesellschaftsrechts ist und ebenfalls klargestellt, dass die Unternehmermitbestimmung ab 2.000 Mitarbeitern für Limited-Gesellschaften nicht gilt.

Überrascht zeigen sich die Wirtschaftsexperten von der rasanten Entwicklung der Limited-Gründungen und der Umsetzung der Unternehmer. Die Limited bietet Unternehmern Vorteile in der Dauer der Limited-Gründung, in den geringen Gründungs- und Folgekosten sowie in der wesentlichen Entbürokratisierung der Gesellschaftsgründung und deren Fortführung.

Unter dem Druck des Limited-Booms hat mittlerweile auch die deutsche Regierung, sechs Jahre nach dem „Überseering Urteil“, reagiert und eine GmbH-Rechtsreform verabschiedet, die Mitte 2008 in Kraft treten soll. Hiermit kommt der Gesetzgeber dem Wunsch der Unternehmer nach, einfach und unbürokratisch eine Kapitalgesellschaft gründen zu wollen.

Auf Seminaren und Workshops hat der Autor mittlerweile mehr als 8.000 Teilnehmer zum Thema Limited geschult. Hierzu wurden auch Steueranwälte und Rechtsanwälte als Dozenten eingesetzt, um mit den Unternehmern die praktische Umsetzung der Limited zu realisieren.

So erscheint es für den Limited-Experten Michael Silberberger (MBA) nur folgerichtig, die gesammelten Erfahrungen aus mehreren tausend Limited-Gründungen innerhalb Europas in diesem Buch detailliert und präzise zusammenzufassen. Dies erfolgt schwerpunktmäßig auf die Limited-Umsetzung in der Praxis.

In dem folgenden Buch werden Vertreter der Steuerberatungszunft mit Erleichterung lesen, dass die Limited in Deutschland wie die GmbH behandelt und auch so versteuert wird. Dem Unternehmer hingegen wird unter anderem aufgezeigt, dass er auch wie bei der GmbH seine Vorsorgeaufwendungen als Betriebsausgaben absetzen kann.

Mit diesem Werk wird nochmals deutlich, dass die Limited zum Status quo geworden ist und sich wie keine andere Gesellschaftsform eignet, schnell und unkompliziert eine Kapitalgesellschaft zu gründen und zu führen.

Essen, im August 2007 *Prof. Dr. Eric Frère**

* Eric Frère ist Professor für Betriebswirtschaftslehre, insbesondere Finanzwirtschaft und Entrepreneurship, an der privaten Fachhochschule für Ökonomie und Management mit Hauptsitz in Essen (www.fom.de) und gleichzeitig Dekan für internationale Studiengänge. Nach Studium, Promotion und Tätigkeit beim Bankhaus Lampe KG ist er seit mehr als zehn Jahren als selbständiger Unternehmensberater für Corporate Finance und Asset Management aktiv (www.frere-consult.de).

Vorwort

„Lieber limited als beschränkt – die GmbH als Auslaufmodell"
(Financial Times Deutschland am 30.09.2003)

„Freie Auswahl im europäischen Gesellschaftsrecht"
(F.A.Z. am 08.10.2003)

„Take it Easy – Die britische Rechtsform bietet deutschen Firmen neue Chancen"
(Die Zeit am 12.02.2004)

„Firmengründung leicht gemacht – Englische Limited gilt als Pendant zur deutschen GmbH"
(Frankfurter Rundschau am 27.03.2004)

„Limited" macht GmbH den Garaus"
(Rheinische Post am 28.04.2004)

„LTD als attraktive Alternative zur Gesellschaft mit beschränkter Haftung"
(Computerwoche 20/2004)

Exportschlager aus England macht der GmbH schwer zu schaffen
(Internetplattform innovations-report.de, 17.03.2005)

Englische Limited – die zeitgemäße Alternative zur GmbH
(Vermögen & Steuern, 3/2005)

– Very british und nahezu bürokratiefrei – Warum immer mehr deutsche Mittelständler der GmbH den Rücken kehren
(BRENNSTOFFSPIEGEL und mineralölrundschau, 5/2005)

Ltd. – Die britische GmbH-Alternative
(STONE Plus, 1/2006)

„30.000 in drei Jahren – Limiteds bevorzugt"
(N-TV März 2006)

„Der Importschlager von der Insel gewinnt quer durch alle Branchen an Attraktivität nicht nur, weil die Briten kein Stammkapital kennen"
(Chefbüro – das Magazin für Führungskräfte 04/06)

Ein Blick in die deutsche Presselandschaft der vergangenen Jahre bringt es auf den Punkt: Die Limited ist seit 2003 aus dem deutschen Wirtschaftsleben nicht mehr wegzudenken, hat ihren Siegeszug trotz vieler Unterstellungen, Verdächtigungen und Vorbehalte angetreten! Daran hat die marktführende Limited-Gründeragentur Go Ahead maßgeblichen Anteil.

Neues als Chance begreifen, heißt auch immer mit Überkommenem brechen. Über 50.000 Unternehmer auf der Suche nach ihrer Kapitalgesellschaft haben inzwischen mit den alten Regeln gebrochen und eben keine GmbH gegründet. Vielmehr entschieden sie sich für die Limited als das innovativste und in der Welt bekannteste Unternehmermodell.

Nicht nur das: Weit mehr als 1.000 Unternehmens- und Steuerberater sowie Rechtsanwälte haben sich diesem Trend angeschlossen und empfehlen ihren Mandanten die im Rahmen der EU-Harmonisierung auch für Deutschland mögliche neue, unbürokratische und vor allem Zeit und Kosten sparende Rechtsform.

Experten und Medien berichten mittlerweile positiver über die GmbH-Schwester von der Insel. Dennoch gibt es nach wie vor Aufklärungsbedarf, dem diese neuerliche Abhandlung von mir über den „Exportschlager aus Großbritannien" Rechnung trägt.

Der erste und besondere Dank gilt den über 30.000 vom Go Ahead Team-betreuten Limited-Gründern, die Pionier-Arbeit geleistet haben. Sie haben vor Ort die zunächst überfragten und ratlosen Behörden, Banken und in vielen Fällen auch Anwälte und Steuerberater auf die komfortable Möglichkeit aufmerksam gemacht, sich ohne GmbH und zudem noch viel einfacher von der persönlichen Haftung zu befreien. Die rasante Hinwendung zum britischen Unternehmensmodell kommt einer Absage an die starre und von der Zeit längst überholte GmbH-Gesetzgebung gleich.

Weil die GmbH im internationalen Wettbewerb durch den von uns allen ausgelösten Limited-Boom in Deutschland plötzlich massiv unter Druck gesetzt wurde, musste die Bundesregierung in Berlin reagieren: Sie hat für 2008 eine Reform des GmbH-Rechts angekündigt, wonach Unternehmensgründungen in Deutschland künftig günstiger und schneller möglich sein sollen.

Ferner danke ich allen Referenten der wirklich zahllosen Go Ahead-Seminare und Infoabenden, die den 8.000 Teilnehmern das Thema Limited näherbrachten und bringen – und das unter großen zeitlichen Opfern.

Erwähnt seien auch die permanente Leistungsbereitschaft und der beispiellose Einsatz des gesamten Go Ahead-Teams. Vielen Dank hierfür!

Meinen großen Dank möchte ich auch an unseren engen Partner richten, die Go Ahead von Anfang an unterstützt haben. Dieser Dank gilt auch meiner Familie.

Die Limited war nicht nur für Gründer neu, sondern auch für Amtsrichter, IHKs, Anwälte und Steuerberater. Ich danke all jenen, die in offenen und konstruktiven Gesprächen mit uns darüber in den Dialog getreten sind. Auf diese Weise konnten wir viele wertvolle Anregungen gewinnen und zurückgeben.

Ohne die nachfolgenden Personen wäre die erste Auflage dieses Buches nicht möglich gewesen, deshalb gilt der besondere Dank den „MBA-Dissertations-Vätern" Herrn Dr. Joerg Fischer, Deutschland, und Herrn Prof. Dr. Ruud Heijbloom, Niederlande, für ihre Weitsicht im Jahr 2002, die Unterstützung, Kritik und konstruktiven Meinungsaustausch sowie Herrn Oliver Buhl. Ich danke dem Limitedexperten und Rechtsanwalt Michael Klose für die Unterstützung im Rahmen dieser zweiten Auflage.

Ich lade Sie, verehrte Leserin und verehrter Leser, gern ein, sich mit uns über das Thema Limited auszutauschen und freuen uns auf Ihre Anregungen und Meinungen an verfasser@go-limited.com.

Wiesbaden, im September 2007 — *Michael Silberberger* (MBA)

Inhaltsverzeichnis

Geleitwort ... V

Vorwort ... VII

Abbildungsverzeichnis ... XII

Abkürzungsverzeichnis ... XIII

Literaturverzeichnis ... XV

1. Einleitung ... 1

2. Entwicklung der europäischen Rechtsprechung ... 3

2.1 Niederlassungsfreiheit nach Art 43 und Art 48 EGV und die Zweigniederlassungsrichtlinie ... 3

2.2 Sitztheorie vs. Gründungstheorie ... 4

2.3 Urteile des EuGH und deren Bedeutung ... 6

2.4 Die Entscheidungen des deutschen Bundesgerichtshofs ... 7

2.5 Hamburger Urteil und Kieler Urteil ... 8

2.6 Weitere Rechtsfolgen ... 9

3. Die richtige Rechtsform für das Unternehmen ... 11

3.1 Einzelunternehmung ... 11

3.2 Gesellschaft bürgerlichen Rechts (GbR) ... 11

3.3 Offene Handelsgesellschaft (OHG) ... 11

3.4 Kommanditgesellschaft (KG) ... 12

3.5 Stille Gesellschaft ... 12

3.6 Nachhaftung der Gesellschafter bei Personengesellschaften ... 13

3.7 Aktiengesellschaft (AG) ... 14

3.8 Gesellschaft mit beschränkter Haftung (GmbH) ... 15

3.9 Kommanditgesellschaft auf Aktien (KGaA) ... 16

3.10 GmbH & Co. KG ... 16

3.11 Europäische Kapitalgesellschaften ... 16

4. Die Limited ... 18

4.1 Definition der Limited ... 19

4.2 Die Organe der Limited Company ... 19

4.2.1 Der Secretary ... 20

4.2.2 Der Director ... 20

4.2.3 Gesellschafterversammlungen – „AGM“ und „EGM“ ... 22

4.3 Die Satzung ... 23

4.4 Die Vorteile der Limited ... 24

4.4.1 Umgehung der Rentenversicherungspflicht in der Praxis ... 30

4.5 Besteuerung der Limited 31
4.5.1 Doppelbesteuerung 32
4.6 Struktur der Limited-Gründer 33

5. Die Limited im Einsatz in Deutschland und Österreich 35
5.1 Die Gründung der LTD 35
5.1.1 Rechtsformwechsel von Einzelunternehmen und Personengesellschaften im Rahmen der Einbringung 35
5.1.2 Weiterführung des bestehenden Unternehmens 38
5.2 Erlangung der Rechtsfähigkeit 38
5.3 Gerichtsstand der Limited 39
5.4 Selbständige oder unselbständige Niederlassung 41
5.5 Der Handelsregistereintrag 42
5.6 Die Limited im Insolvenzfall 45
5.6.1 Rechtsordnung bei Insolvenz 45
5.6.2 Insolvenzfähigkeit 47
5.6.3 Insolvenzantrag 48
5.6.4 Haftung bei Insolvenzverschleppung 48
5.7 Übertragung von Gesellschaftsanteilen 50
5.8 Beschlussfassung der Limited-„Resolutions“ im englischen Gesellschaftsrecht 51
5.9 Treuhänderische Übernahme von Gesellschaftsanteilen der Limited 52

6. Limited & Co. KG 54
6.1 Vorteile der Ltd. & Co. KG 54
6.2 Die Gründung der Ltd. & Co. KG 55
6.3 Die Führung der Ltd. & Co. KG 56
6.3.1 Geschäftsführung und die Vertretung der KG 56
6.3.2 Haftung der Gesellschafter für Gesellschaftsverbindlichkeiten 57
6.3.3 Buchführung und Jahresabschluss 58
6.3.4 Auflösung der KG 58
6.3.5 Besteuerung 59

7. Internationale Steuerplanung für Unternehmen 61
7.1 Aufklärungspflicht bei Auslandsaktivitäten 62
7.2 Anerkennung der Betriebsstätte 63
7.2.1 Die Katalogbetriebsstätte 64
7.2.2 Betriebsstättenproblematik im E-Commerce 64
7.3 Gewinnaufteilung bei international tätigen Unternehmen 65
7.4 Methoden zur Prüfung von Verrechnungspreisen 66
7.4.1 Preisvergleichsmethode 66

7.4.2 Wiederverkaufspreismethode ... 67
7.4.3 Kostenaufschlagsmethode ... 67

8. Stimmen und Fallbeispiele aus der Limited-Praxis ... 68
8.1 Steuer ... 68
8.2 Limited-Vorteil für den Existenzgründer ... 68
8.3 Bankenfinanzierung – keine Einschränkung für Limiteds ... 68
8.4 Die Gestaltungsvariante „Limited" als Chance begreifen ... 70
8.4.1 Dachdeckerbetrieb – Neustart nach der Insolvenz mit Hilfe der Volksbank ... 70
8.4.2 Sanitärbetrieb – Neustart nach Fehlinvestition ... 71
8.4.3 Kreditfinanzierung gerade wegen der Limited ... 71
8.5 Fallbeispiele von Unternehmen ... 72
8.5.1 Höheres Ansehen – Reputationsgewinn ... 72
8.5.2 Haftungsbefreiung ... 72
8.5.3 Einfaches Gesellschaftsrecht – geringe Bürokratie ... 73
8.5.4 Limited als schneller, einfacher Weg der Gründung und Haftungsbeschränkung ... 73
8.5.5 Auslagern von Geschäftsrisiken ... 74
8.6 „Limited" boomt – Rechtsanwälte empfehlen Limited ... 75
8.7 Steuervorteil mit der Limited Holding ... 75

9. Fazit ... 77

10. Checklisten ... 80

11. FAQ ... 83

12. Formulare ... 95

Stichwortverzeichnis ... 113

Abbildungsverzeichnis

Abbildung 1: Ländervergleich Sitztheorie – Gründungstheorie 5
Abbildung 2: Rentenversicherungsvergleich 29
Abbildung 3: Branchenstruktur der Limited-Gründer 33
Abbildung 4: Altersstruktur der Limited-Gründer 34
Abbildung 5: Unternehmensinsolvenzen und reales Bruttoinlandsprodukt 45
Abbildung 6: Entscheidung über die Rechtsordnung 47
Abbildung 7: Betriebsstätte nach Art 5 OECD-Musterabkommen 63
Abbildung 8: Die britische Ltd. – Realitäten und Vorbehalte 77

Abkürzungsverzeichnis

AfA	Absetzung für Abnutzungen
AG	Aktiengesellschaft
AGM	Annual General Meeting
AktG	Aktiengesetz
AO	Abgabenordnung
AStG	Außensteuergesetz
BGB	Bürgerliches Gesetzbuch
BGH	Bundesgerichtshof
B.V.	Beslotenvennootschap met beperkte aansprakelijkheid (niederländische GmbH)
BWA	betriebswirtschaftliche Auswertung
CA	Companies Act
DBA	Doppelbesteuerungsabkommen
DCA	Dormant Company Account
d.h.	das heißt
DStR	Deutsches Steuerrecht
EGBGB	Einführungsgesetz zum Bürgerlichen Gesetzbuch
EGM	Extraordinary General meeting
EGV	Vertrag zur Gründung der Europäischen Gemeinschaft
EStG	Einkommensteuergesetz
EuGH	Europäischer Gerichtshof
EuGVO	Europäische Gerichtsstand- und Vollstreckungsverordnung
EUR	Euro
EuInsVO	Europäische Verordnung für Insolvenzverfahren
GB	Great Britain
GBP	Great Britain Pound
GbR	Gesellschaft bürgerlichen Rechts
GewO	Gewerbeordnung
GmbH	Gesellschaft mit beschränkter Haftung
GmbHG	Gesetz betreffend die Gesellschaften mit beschränkter Haftung
GmbHR	GmbH Rundschau
HGB	Handelsgesetzbuch
i.d.R.	in der Regel
IHK	Industrie- und Handelskammer
inkl.	inklusive
InsO	Insolvenzordnung
i.V.m.	in Verbindung mit
KG	Kommanditgesellschaft
KMU	kleinere und mittlere Unternehmen
KStG	Körperschaftsteuergesetz
LG	Landesgericht
Ltd.	Private Limited company
LVA	Landesversicherungsanstalt
MA	Musterabkommen

Mio.	Millionen
MoMiG	Gesetz zur Modernisierung des GmbH-Rechts und zur Bekämpfung von Missbräuchen
nF	neue Fassung
OECD	Organisation for Economic Co-operation and Development
OFD	Oberfinanzdirektion
OLG	Oberlandesgericht
plc.	Public Limited Company
p.M.	pro Monat
S.	Seite
s.	section (dt.: Paragraph)
Sàrl	Société à responsabilité limiteé (französische GmbH)
Sec	engl. Abkürzung für einen Paragrafen
SLNE	Sociedad Limitada Nueva Empresa (spanische GmbH)
StGB	Strafgesetzbuch
UK	United Kingdom
GAAP	Generally Accepted Accounting Principles
UmwStG	Umwandlungs-Steuergesetz
vgl.	vergleiche
WFBV	Wet op de formeel buitenlandse vennootschappen (niederländisches Gesetz über formal ausländische Gesellschaften)
VoBa	Volksbank
ZPO	Zivilprozessordnung

Literaturverzeichnis

Behm, M. (2003), Lieber „limited“ als beschränkt, in: Financial Times Deutschland, 30.09.2003, Seite 14

Birk, D. (2003), Zuzug und Wegzug von Kapitalgesellschaften. Zu den körperschaftsteuerlichen Folgen der Überseeringentscheidung des EuGH, in: Internationales Steuerrecht, 2003, Seite 469–476

Creuz, M. (2003), „Limited“ Gesellschafter haften voll, in: Handelsblatt, Nr. 110, 2003, Seite R2

Dautzenberg, N. (2003), Einstieg in den Wettbewerb der Systeme im Gesellschaftsrecht – Folgen für die Sitztheorie aus der neuen EuGH-Rechtsprechung, in: Zeitschrift für Steuern und Bilanzen, 2003, Seite 331–334

Debatin, H., Wassermeyer, F. (2002), Doppelbesteuerung – Kommentar zu allen deutschen Doppelbesteuerungsabkommen, in: Debatin, H. (Hrsg.), Band III, Loseblatt Sammlung, Stand: 12/02, München 2002

Diefenbach, R. (2004), Bahn frei für die Billig-GmbH, in: Impulse, Heft 03/2004, 2004, Seite 90–93

Duursma-Kepplinger, H.-C., Duursma, D., Chalupsky, E. (2002), Europäische Insolvenzordnung, Kommentar, Wien, New York, 2002

Eigenmüller, H. (2002), Wettbewerb der Gesellschaftsrechte in Europa, in: Zeitschrift für Wirtschaftsrecht, Heft 50, 2002, Seite 2233–2245

Ehren, H. (2003), Mitbestimmung ade, in: Financial Times Deutschland, 19.12.2003, Seite 29

Eisenhardt, Ulrich, Gesellschaftsrecht, 10. Auflage, Verlag C.H. Beck, 2002

FAZ, 28.04.2003, Infineon zieht es in die Schweiz, Seite 13

Gassmann, M. (2004), Trotz Aufschwung mehr Firmenpleiten, in: Financial Times Deutschland, 04.02.2004, Seite 13

Gower, L.C.B. (1992), The Principles of Modern Company Law, 5. Auflage, London 1992

Gower, L.C.B. (1997), The Principles of Modern Company Law, 6. Auflage, London 1997

Grotherr, Handbuch der internationalen Steuerplanung, Neue Wirtschaftsbriefe 2003

Güthoff, Gesellschaftsrecht in Großbritannien, 3. Aufl. 2004

Handelsblatt, 11.06.2003, Limited-Gesellschafter haften voll, Seite R 2

Heinz, Die englische Limited, 2. Aufl. 2006

Hirte, Bücker (Hrsg.) Grenzüberschreitende Gesellschaften, Praxishandbuch für ausländische Kapitalgesellschaften im Inland, 2. Aufl. 2006

Hoppe, J. (2003), Die Company Limited by Shares in der Praxis, in: Silberberger, M. (Hrsg.), Unternehmerseminar für Steuer- und Rechtsfragen, Loseblatt-Sammlung, Hamburg 2003

Jayme, E., Hassmann, R. (2002), Internationales Privatrecht und Verfahrensrecht, 11. Auflage, München 2002

Klose-Mokroß, Die Eintragung der Zweigniederlassung einer englischen „private limited company“ in das deutsche Handelsregister, DStR 2005, 1011

Kresse/Leutz, Internationale Rechnungslegung – Internationales Steuerrecht, Schaeffer-Poeschel Verlag, Stuttgart, 2002

Lutter, M. (1995), Die Gründung einer Tochtergesellschaft im Ausland, 2. Auflage, Berlin, New York 1995

Mock, S., Schildt, C. (2003), Insolvenz ausländischer Kapitalgesellschaften mit Sitz in Deutschland, in: Zeitschrift für das gesamte Insolvenzrecht, Heft 9, 2003, Seite 396–402

Müller, H.-F. (2003), Insolvenz ausländischer Kapitalgesellschaften mit inländischem Verwaltungssitz, in: Neue Zeitschrift für Gesellschaftsrecht, 2003, Seite 414–418

Müller/Reiser, Handbuch der internationalen Steuerplanung, Verlag Neue Wirtschafts-Briefe, Herne/Berlin, 2003

Palmer, F.B. (1987), Palmer's Company Law, 24. Auflage, London 1987

Palmer, F.B. (1992), Palmer's Company Law, 25. Auflage, London 1992

Rübartsch, M. (2004), Very British, in: Focus Money, Heft 9, 2004, Seite 64–65

Shearman, Die „GmbH“ in England und Wales, GmbHR 1992

Schmalen, Helmut, Grundlagen und Probleme der Betriebswirtschaft, 12. Auflage, Schaeffer-Poeschel Verlag, Stuttgart, 2002

Schwarz, Günter Christian, Europäisches Gesellschaftsrecht, Nomos Verlagsgesellschaft, 2000

Sedemund, J. (2003), Der BGH verabschiedet sich von der Sitztheorie im Steuerrecht, in: Betriebs-Berater, 2003, Seite 1362–1364

Triebel, Hodgson, Kellcenter, Müller, Englisches Handels- und Wirtschaftsrecht, Verlag Recht und Wirtschaft, 1995

Triebel, V., Löw, H.P. (2003), Ein Bündel an Gesellschaftsformen steht zur Wahl, in: Frankfurter Allgemeine Zeitung, Nr. 117, 2003, Seite 18

Triebel, V. Theisen, R. (2004), Europa AG – Vom EuGH längst überfahren? in: Börsenzeitung, Nr. 11, 2004, Seite 11

Wöhe, Günter, Einführung in die Allgemeine Betriebswirtschaftslehre, 16. Auflage, Verlag Franz Vahlen München, 1986

1. Einleitung

Die Gründung von Unternehmen in Form einer Kapitalgesellschaft mit „limitierter – beschränkter" Haftung ist für Unternehmen vielfach unerlässlich. Die wirtschaftlichen Risiken für Personengesellschaften und Einzelunternehmen steigen aufgrund zunehmender Haftungs- und Schadensersatzklagen signifikant und sind vom Unternehmer nicht immer vorherzusehen.

Aus diesem Grund gründeten und gründen Unternehmen schon seit Jahrzehnten Gesellschaften mit beschränkter Haftung. Die Gründung einer GmbH ist jedoch bürokratisch, zeitaufwendig und kostenintensiv. Das GmbH-Recht hat eine präventive, z.T. bevormundende Haltung.[1] Hieran wird sich einiges im Rahmen der GmbH-Reform und der Verabschiedung des MoMiG[2] ändern. Der Gesetzgeber hat verschärfte Offenlegungsvorschriften vorgesehen und einen Teil der „ehemaligen" GmbH-Regelungen in das Insolvenzrecht verschoben.

Der Europäische Gerichtshof hat durch konsequente Rechtsprechung die im Einigungsvertrag der EU wichtigste Regelung, die Niederlassungsfreiheit, nun auch im Gesellschaftsrecht fortgesetzt. Damit hat sich der Wettbewerb der Systeme um das beste Gesellschaftsrecht und die intelligenteste Gesellschaftsform innerhalb der EU entwickelt.

Das englische Gesellschaftsrecht gilt – trotz oder gerade aufgrund seines Alters und seiner Erfahrungswerte – als das modernste und stellt für viele Unternehmen die bevorzugte Wahl bei der Entscheidung der Rechtsform dar. Dies wird auch trotz der deutschen Reformbestrebungen so bleiben, da der englische Gesetzgeber mit dem Company Law Reform Bill und dem danach umgesetzten Companies Act 2006 noch mehr Vereinfachungen und Erleichterungen für die Limited geschaffen hat.[3] Umgesetzt wird diese Reform von Anfang 2007 bis Oktober 2008 in mehreren Schritten.

Jeder Europäer kann in UK (United Kingdom) – der europäischen Rechtsprechung sei Dank – mittlerweile problemlos eine Limited gründen.

Die Regierungen aus Deutschland, Österreich, Frankreich und Italien wenden zum Schutz ihrer eigenen, inländischen Rechtsformen ein, dass sich mit der Limited die Gesellschaftsform mit den niedrigsten Schutzmechanismen für Gläubiger, Mitarbeiter und Investoren durchsetze. Die gleichen Argumente werden auch vereinzelt von IHKs (Industrie- und Handelskammern) in die Diskussion gebracht, so z.B. der Gläubigerschutz in Höhe von 25.000 Euro[4] (Österreich 35.000 Euro) Haftungskapital bei der GmbH.

Die wirtschaftliche Praxis zeigt jedoch leider das genaue Gegenteil! In Insolvenzverfahren spielt die scheinbar geglaubte Sicherheit von 25.000 Euro keine Rolle. Gläubiger erhalten regelmäßig in Insolvenzverfahren keine Vergleichsquoten, und wenn sie diese erhalten, dann ausschließlich deshalb, weil im Unternehmen Vermögensgegenstände vom Insolvenzverwalter verkauft worden sind. Die Haftungseinlage ist allerdings bei insolventen Unternehmen in der Regel nicht mehr vorhanden.[5]

---

1 Vgl. *Triebel*, Betriebs-Berater, Heft 17, 26.04.2004.
2 Gesetz zur Modernisierung des GmbH-Rechts und zur Bekämpfung von Mißbräuchen.
3 Vgl. die Zusammenfassung von Torwegge GmbHR 2006, 919.
4 Oder 10.000 € nach Inkrafttreten des MoMiG.
5 Diplom Kaufmann Joachim Kuchenmeister Unternehmensberater und von Gericht bestellter Insolvenzverwalter im persönlichen Gespräch.

Vielfach zitiert wird auch die angebliche Unterkapitalisierung der Limited aufgrund des frei wählbaren, niedrigen Haftungskapitals von 1 GBP aufwärts oder die scheinbar unkalkulierbaren Folgekosten in späteren Geschäftsjahren.

Eine Unterkapitalisierung kennt das englische Gesellschaftsrecht nicht und die Folgekosten der Limited-Gründung sind – ein seriöser Anbieter bei der Gründung vorausgesetzt – sehr wohl kalkulier- und überschaubar.

Die Limited ist vielmehr die zur Zeit innovativste Gesellschaftsform und stellt gerade für kleine und mittlere Unternehmen (KMU) eine sinnvolle und überlegenswerte Alternative dar. In Zeiten zunehmender Internationalisierung wirtschaftlicher Aktivitäten profitieren Unternehmer zudem von der internationalen Akzeptanz der Limited. Die GmbH gibt es nur in Deutschland und Österreich. Die Limited ist die weltweit verbreitetste Gesellschaftsform.

25% aller GmbH-Gründungen sind bereits Limiteds. Die GmbH sinkt in der Gunst deutscher Unternehmer zu Gunsten der feinen englischen Art. „Die altehrwürdige Rechtsform GmbH kommt bei deutschen Firmengründern zunehmend aus der Mode. Dafür ist die englische Form Limited sehr gefragt" (*Handelsblatt Online am 07.09.04*). Über 1.000 Deutsche entscheiden sich monatlich für den englischen Weg. Nach Angaben des Statistischen Bundesamtes stehen dieser Zahl rund 3.000–4.000 GmbH-Gründungen gegenüber. Zwischenzeitlich wird die Zahl der in Deutschland tätigen Limiteds mit mehr 46.000 angegeben.[6]

Das vorliegende Buch nimmt sich des Themas Limited in detaillierter Weise an. Aufbauend auf der Darstellung der europäischen Rechtsprechung, die die Basis für die derzeitige Entwicklung bildet, wird die Limited in ihren wesentlichen Strukturen erläutert und ihre Vorteile zu anderen Rechtsformen dargestellt. Probleme aus dem unternehmerischen Alltag – von der Gründung bis zur Führung der Gesellschaft – werden ausführlich behandelt. Ein eigenes Kapitel ist der Ltd & Co. KG, einer lohnenswerten aber noch relativ unbekannten Rechtsform, gewidmet. Für diejenigen unter Ihnen, die auch international tätig sind oder werden wollen, bleiben auch Aspekte der internationalen Steuerplanung nicht unerwähnt.

Da das Buch von Praktikern für Praktiker geschrieben worden ist, schließen sich konkrete Beispiele aus der Praxis an.

Es wird deutlich, dass die Limited der GmbH in vielen Punkten ähnelt, aber dennoch in der Gründung und Führung wesentlich unbürokratischer und damit kostengünstiger ist. Aktuelle Urteile zeigen, dass auch die Gerichte der Limited die gleichen Rechte einräumen.

---

6 Westhoff, Die Verbreitung der englischen Limited mit Verwaltungssitz in Deutschland GmbHR 2007, 474 ff.

2. Entwicklung der europäischen Rechtsprechung

Der europäische Binnenmarkt ist mit 370 Millionen Verbrauchern und 16 Millionen Unternehmen der größte Wirtschaftsraum der Welt. Die Chancengleichheit der Unternehmen ist von zentraler Bedeutung. Deshalb sind insbesondere in einem einheitlichen Wirtschaftsraum gesellschaftsrechtliche Fragen auf europäischer Ebene zu regeln. Dabei müssen im Vordergrund die Harmonisierung und das Schaffen einheitlicher Regeln stehen. Insbesondere das Gesellschaftsrecht ist einer der wenigen Bereiche im Privatrecht, die genannt sind, wie der Art 43, 44, 48, 293 EGV.

Mittlerweile sind 80% aller deutschen Gesetze im Bereich des Wirtschaftsrechts durch die EU festgelegt. Ca. 50% aller deutschen Gesetze sind durch das Gemeinschaftsrecht veranlasst. Dennoch bleibt das Gesellschaftsrecht einzelstaatliches, nationales Recht, da es noch kein europäisches Gesellschaftsrecht gibt.[7] Mit Ausnahme der S.E., der Europäischen Aktiengesellschaft mit ihrem für diese Rechtsform eigenen Recht.

2.1 Niederlassungsfreiheit nach Art 43 und Art 48 EGV und die Zweigniederlassungsrichtlinie

„Die Niederlassungsfreiheit ist die wichtigste Regelung des primären Gemeinschaftsrechts für das Europäische Gesellschaftsrecht".[8] Nach Art 2 EGV ist es notwendig, dass Unternehmen sich möglichst wie in einem nationalen Markt bewegen können und dabei eine freie Standortwahl innerhalb des Gemeinschaftsgebietes treffen können. Die Standortwahl ist dabei nach der günstigsten Kostenrelation von Produktionsfaktoren, Infrastruktur und Absatzmarkt frei zu wählen.

Art 43

„Die Beschränkungen der freien Niederlassung von Staatsangehörigen eines Mitgliedstaates im Hoheitsgebiet eines anderen Mitgliedstaates sind nach Maßgabe der folgenden Bestimmungen verboten. Das Gleiche gilt für Beschränkungen der Gründung von Agenturen, Zweigniederlassungen oder Tochtergesellschaften durch Angehörige eines Mitgliedstaates, die im Hoheitsgebiet eines Mitgliedstaates ansässig sind".

Art 48

„Es stellt natürliche Personen, die Angehörige eines Mitgliedstaates sind, die nach den Rechtsvorschriften eines Mitgliedstaates gegründeten Gesellschaften, die ihren satzungsmäßigen Sitz, ihre Hauptverwaltung oder ihre Hauptniederlassung innerhalb der Gemeinschaft haben, gleich".

ELFTE RICHTLINIE DES RATES vom 21. Dezember 1989 über die Offenlegung von Zweigniederlassungen, die in einem Mitgliedstaat von Gesellschaften bestimmter Rechtsformen errichtet wurden, die dem Recht eines anderen Staates unterliegen (89/666/EWG)

---

[7] Vgl. *Schwarz*, Europäisches Gesellschaftsrecht, Seite 4–7.
[8] Vgl. *Schwarz*, Europäisches Gesellschaftsrecht, Seite 75.

... Um die Ausübung der Niederlassungsfreiheit durch Gesellschaften im Sinne des Artikels 58 des Vertrages zu erleichtern, sehen Artikel 54 Absatz 3 Buchstabe g) des Vertrages und das allgemeine Programm zur Aufhebung der Beschränkungen der Niederlassungsfreiheit die Koordinierung der Schutzbestimmungen vor, die in den Mitgliedstaaten den Gesellschaften im Interesse der Gesellschafter sowie Dritter vorgeschrieben sind.

Die Koordinierung wurde hinsichtlich der Offenlegung bislang durch die Erste Richtlinie 68/151/EWG (4), zuletzt geändert durch die Beitrittsakte von 1985, für die Kapitalgesellschaften verwirklicht; sie wurde für den Bereich der Rechnungslegung durch die Vierte Richtlinie 78/660/EWG über den Jahresabschluss von Gesellschaften bestimmter Rechtsformen (5), zuletzt geändert durch die Beitrittsakte von 1985, die Siebte Richtlinie 83/349/EWG über den konsolidierten Abschluss (6), geändert durch die Beitrittsakte von 1985, und die Achte Richtlinie 84/253/EWG über die Zulassung der mit der Pflichtprüfung der Rechnungsunterlagen beauftragten Personen (7) fortgesetzt.

Diese Richtlinien sind anwendbar auf die Gesellschaften als solche, jedoch nicht auf ihre Zweigniederlassungen . Die Errichtung einer Zweigniederlassung ist jedoch neben der Gründung einer Tochtergesellschaft eine der Möglichkeiten, die derzeit einer Gesellschaft zur Ausübung des Niederlassungsrechts in einem anderen Mitgliedstaat zur Verfügung stehen.

Das Fehlen einer Koordinierung für die Zweigniederlassungen, insbesondere im Bereich der Offenlegung, hat im Hinblick auf den Schutz von Gesellschaftern und Dritten zu Unterschieden geführt zwischen den Gesellschaften, welche sich in anderen Mitgliedstaaten durch die Errichtung von Zweigniederlassungen betätigen, und den Gesellschaften, die dies durch die Gründung von Tochtergesellschaften tun.

Solche Unterschiede in den Rechtsvorschriften der Mitgliedstaaten können die Ausübung des Niederlassungsrechts stören und sind deshalb unter anderem zur Sicherung der Ausübung dieses Rechts zu beseitigen. ...

2.2 Sitztheorie vs. Gründungstheorie

Die Sitztheorie wurde im 19. Jahrhundert von Deutschland und Frankreich entwickelt, „um den Zuzug von ausländischen, nach weniger strengen Vorschriften gegründeten Gesellschaften zu verhindern“.[9]

Die Sitztheorie ist die in Kontinentaleuropa vorherrschende Gründungstheorie. Sie knüpft insbesondere an den Verwaltungssitz der Firma an. Als Verwaltungssitz gilt der Ort im Heimatstaat, an dem die Hauptentscheidungen gefällt werden. Die Sitztheorie versteht sich als Schutztheorie für Gläubiger, Arbeitnehmer und Minderheitsgesellschafter. „Die Wahlfreiheit der Gründer wird im Interesse der Sicherheit des Rechtsverkehrs eingeschränkt“.[10] Somit wird der Personalstatus eines Unternehmens wie die Rechtsfähigkeit, die Vertretung der Gesellschaft, die Organisationsfassung oder die Haftung der Gesellschaft entschieden.[11]

---

[9] Vgl. *Schwarz*, Europäisches Gesellschaftsrecht, Seite 107 ff.
[10] Vgl. *Schwarz*, Europäisches Gesellschaftsrecht, Seite 107.
[11] Vgl. *Eidenmüller*, Zeitschrift für Wirtschaftsrecht, Heft 50/2002, Seite 2234.

„Kapitalgesellschaften, die in einem Staat wirksam errichtet wurden, werden durch einen Staat, der der Sitztheorie folgt, nicht als solche anerkannt, wenn Ihr tatsächlicher Verwaltungssitz in diesem Staat liegt."

Prof. Dr. Horst Eidenmüller[12]

Länder, die der Sitztheorie folgen, sind u.a. Deutschland, Frankreich, Belgien, Italien, Österreich.

In Deutschland wurden diese Gesellschaften als GbR oder OHG behandelt. Somit unterlagen die Gesellschafter (§§ 714 BGB, 128 HGB) und die Handelnden (analog §§ 11 II GmbHG, 41 I 2 AktG) der unbeschränkten persönlichen Haftung.[13]

Die Sitztheorie wurde vom Bundesgerichtshof am 13.03.2003 im Fall einer rechtmäßigen Gründung in einem EU-Staat mittlerweile aufgehoben. Die Sitztheorie bleibt bei der Gründung in einem nicht EU-Staat aber weiterhin bestehen.

Die Gründungstheorie wurde von England im 18. Jahrhundert entwickelt. Der Grundgedanke lag darin, „dass eine nach dem Recht eines Staates wirksam gegründete Gesellschaft aus der Sicht anderer Staaten als wirksam entstanden gelten und nach diesem Recht weiterbestehen soll, selbst dann, wenn sie sich nicht mehr im Gründungsstaat befindet".[14] Der Hintergrund waren die Wahlfreiheit des Gründers, die Nichtwandelbarkeit des ausgewählten Gesellschaftsstatus sowie „im 18. Jahrhundert" (Anmerkung der Autoren) die Möglichkeit der transnationalen Mobilität der Gesellschaften. England wollte als damalige Groß- und Kolonialmacht seinen Unternehmen die Möglichkeit bieten, ihren Sitz nach Übersee zu verlegen, um dabei nicht den Schutz des heimischen Rechts zu verlieren. Im Gegenzug hat auch England die Rechtsfähigkeit ausländischer Gesellschaften in England anerkannt.[15]

Länder im Vergleich der Theorien	
Sitztheorie	**Gründungstheorie**
Österreich	Dänemark
Belgien	Finnland
Deutschland	Irland
Spanien	Niederlande
Griechenland	Schweden
Frankreich	Großbritannien
Italien	(Anglo-Amerikanischer Rechtsraum)
Luxemburg	
Portugal[17]	

Abbildung 1: Ländervergleich Sitztheorie – Gründungstheorie

Quelle: *Schwarz*, Europäisches Gesellschaftsrecht, Seite 106 & Vortrag am 14.07.2003 in Frankfurt „Der EuGH als Motor des Wettbewerbs der Gesellschaftsformen"

[12] Vortrag am 14.07.2003 in Frankfurt „Der EuGH als Motor des Wettbewerbs der Gesellschaftsformen".
[13] Vortrag am 14.07.2003 in Frankfurt „Der EuGH als Motor des Wettbewerbs der Gesellschaftsformen".
[14] Schwarz, Europäisches Gesellschaftsrecht, page 106.
[15] Günter Christian Schwarz, Europäisches Gesellschaftsrecht, page 106.
[16] Portugal: Eine Gesellschaft kann sich darauf berufen, einem anderen Recht als dem portugiesischen zu unterliegen.

2.3 Urteile des EuGH und deren Bedeutung

Mit dem Centros Urteil[17] entschied der EuGH am 09.03.1999 Folgendes: „Ein Mitgliedstaat der die Eintragung der Zweigniederlassung einer Gesellschaft verweigert, die in einem anderen Mitgliedstaat, in dem sie ihren Sitz hat, rechtmäßig errichtet worden ist, aber keine Geschäftstätigkeit entfaltet, verstößt gegen die Art 43 und 48 EGV, wenn die Zweigniederlassung es der Gesellschaft ermöglichen soll, ihre gesamte Geschäftstätigkeit in dem Staat auszuüben, in dem diese Zweigniederlassung errichtet wird, ohne dort eine Gesellschaft zu errichten und damit das dortige Recht über die Errichtung von Gesellschaften zu umgehen, das höhere Anforderungen an die Einzahlung des Mindestgesellschaftskapitals stellt."

Das Urteil war das Resultat eines Rechtsstreites, in dem es um die Ablehnung der Eintragung der nach englischem Recht gegründeten Centros Ltd. in das dänische Handelsregister ging. Die Eintragung wurde vom dänischen Handelsministerium mit folgender Begründung abgelehnt: Die Geschäftstätigkeit erfolge ausschließlich in Dänemark und daher handele es sich um eine Umgehung der strengeren dänischen Gründungsvorschriften.

Mit dem Urteil in Sachen Centros entschied der EuGH, dass eine Zweigniederlassung auch dann im Zuzugsland in das Handelsregister einzutragen ist, wenn durch diese Zweigniederlassung die gesamte Geschäftstätigkeit erfolgt. Durch die Eintragung in das Handelsregister entsteht ein sog. „öffentlicher Glaube", wonach der Rechtsverkehr sich auf all das verlassen kann, was das Handelsregister beinhaltet (Publizität des Handelsregisters). Damit kann der Rechts- und Wirtschaftsverkehr darauf vertrauen, dass die entsprechende Firma existent ist, die im Handelsregister ausgewiesene Kapitaleinlage aufweist und die dort genannten Personen die Vertretungsberechtigten sind etc.

Der EuGH bezieht sich in seiner Entscheidung auf eine Zweigniederlassung, die in ihrer Ausführung aber der Definition des Verwaltungssitzes entspricht, da in der errichteten Zweigniederlassung die alleinige Geschäftstätigkeit der Gesellschaft entfaltet wird und es sich bei dem satzungsmäßigen Sitz in England lediglich um die Anschrift von Bekannten der Gesellschafter handelt. Dieses Urteil wurde 2002 in Bezug auf deutsches Recht im Überseering Urteil am 05.11.2002 vom EuGH bestätigt.

Inspire Art Urteil vom EuGH (C-167/01) 30.09.2003

Das Unternehmen Inspire Art Limited wurde in England gegründet um in den Niederlanden tätig zu sein. Die niederländische Regierung lehnte zwar nicht die Rechtsfähigkeit ab. Dennoch beschied sie, dass ausländischen Unternehmen nach der niederländischen Wet op de formeel buitenlandse vennootschappen (Gesetz über formal ausländische Gesellschaften, WFBV) so hohe Auflagen gemacht werden, dass die Gesellschaftsform unattraktiv wird. Zudem gilt durch das WFBV eine persönliche Haftbarmachung der Geschäftsführung, wenn nicht das gleiche Haftungskapital wie bei einer niederländischen Kapitalgesellschaft vorliegt.

Die deutsche, die italienische, die niederländische und die österreichische Regierung vertreten die Auffassung, die Vorschriften der WFBV seien mit den Vorschriften über die Niederlassungsfreiheit vereinbar oder entsprächen den Richtlinien zum Gesellschaftsrecht, insbesondere der Ersten, Zweiten, Vierten, Siebten, Elften und Zwölften Richtlinie, oder aber stellten eine nicht diskriminierende Anwendung der Vorschriften dar, die auf nach niederländischem Recht gegründete Kapitalgesellschaften anzuwenden sind.

[17] Urteil EuGH 09.03.1999 (Centros), Rs. C-212/97.

Das Gericht bestätigte unter Bezugnahme auf das Centros Urteil wiederholt, dass die Wahl eines fremden Gesellschaftsrechts zur Vermeidung nationaler Mindestanforderungen – zum Beispiel an die Kapitalaufbringung – keinen Rechtsmissbrauch darstellt, selbst dann nicht, wenn die Gesellschaft nicht im Gründungsland tätig ist. Maßgeblich ist also die freie wirtschaftliche Betätigung.

Entschieden wurde auch, dass die Arbeitnehmermitbestimmung in Aufsichtsräten bei Auslandsgesellschaften nicht zutrifft. Hierbei gilt das Recht des Gründungslandes, um damit insbesondere die Wahlfreiheit der Rechtsform zu stärken. Das Mitbestimmungsgesetz – Arbeitnehmervertreter im Aufsichtsrat – gibt es nur in Deutschland und Österreich.

„Da die Bestimmungen über das Mindestkapital mit der durch den Vertrag garantierten Niederlassungsfreiheit unvereinbar sind, gilt zwangsläufig dasselbe für die Sanktionen, die an die Nichterfüllung der fraglichen Verpflichtungen geknüpft sind, d.h. die persönliche gesamtschuldnerische Haftung der Geschäftsführer in dem Fall, dass das Kapital nicht den im nationalen Recht vorgeschriebenen Mindestbetrag erreicht oder während des Betriebes unter diesen sinkt“.[18]

2.4 Die Entscheidungen des deutschen Bundesgerichtshofs

Nachdem der deutsche Bundesgerichtshof (BGH) die Klagefähigkeit ausländischer Gesellschaften jahrelang abgelehnt hatte, beugte sich der BGH dem europäischen Gerichtshof in seiner Überseering-Entscheidung vom 05.11.2002 und entschied erstmalig gegen die in Deutschland vorherrschende Sitztheorie.[19]

Im Fall Überseering/Nordic Construction Company handelte es sich um eine nach niederländischem Recht gegründete B.V., die ihren Verwaltungssitz nach Deutschland verlegte und hier als Klägerin Ansprüche geltend machte. Die Vorinstanzen hatten die Klage mangels Rechts- und Parteifähigkeit der B.V. nach deutschem Recht als unzulässig abgewiesen.

Dem EuGH wurden vom BGH diesbezüglich Fragen zur Vorabentscheidung[20] vorgelegt. Der EuGH entschied am 05.11.2002[21], dass es gegen die Artikel 43 und 48 EGV verstoße, „... wenn einer Gesellschaft, die nach dem Recht des Mitgliedstaats, in dessen Hoheitsgebiet sie ihren satzungsmäßigen Sitz hat, gegründet worden ist und von der nach dem Recht eines anderen Mitgliedstaats angenommen wird, dass sie ihren tatsächlichen Verwaltungssitz dorthin verlegt hat, in diesem Mitgliedstaat die Rechtsfähigkeit und damit die Parteifähigkeit vor seinen nationalen Gerichten für das Geltendmachen von Ansprüchen aus einem Vertrag mit einer in diesem Mitgliedstaat ansässigen Gesellschaft abgesprochen wird ...“

Der BGH hat entschieden, dass ausländische Gesellschaften auch dann im Inland anzuerkennen sind, wenn sie ihren effektiven Verwaltungssitz in Deutschland haben.[22]

---

[18] EuGH 30.09.2003, Rechtssache, C-167/01.
[19] Handelsblatt, 19.03.2003.
[20] BGH Mitteilung der Pressestelle Nr 21/2000, Beschluss vom 30.03.2000, VII ZR 370/98.
[21] Urteil EuGH 05.11.2002 (Überseering), Rs. C-208/00.
[22] Vgl. *Hök*, Rechtsentwicklung nach der Liberalisierung, Punkt 1.

„Eine Gesellschaft, die unter dem Schutz der im EG-Vertrag garantierten Niederlassungsfreiheit steht, ist berechtigt, ihre vertraglichen Rechte in jedem Mitgliedsstaat geltend zu machen, wenn sie nach der Rechtsordnung des Staates gegründet worden ist und in dem sie nach einer eventuellen Verlegung ihres Verwaltungssitzes in einen anderen Mitgliedsstaat weiterhin ihren satzungsmäßigen Sitz hat, hinsichtlich des geltend gemachten Rechts rechtsfähig ist."

BGH-Urteil vom 13.03.2003

Bis zu diesem Urteil konnte in Deutschland eine im Ausland gegründete Gesellschaft kein Träger von Rechten und Pflichten sein und sich im Rechtsstreit nicht vertreten.

Die nächste bahnbrechende Entscheidung des BGH folgte dann im März 2005.

Das Landgericht Hagen hatte einen Limited-Geschäftsführer aufgrund persönlicher Haftung verurteilt, da die Limited insolvent geworden war und nicht im deutschen Handelsregister eingetragen war. Zugrunde gelegt worden waren seitens des Landgerichts deutsche Haftungstatbestände. Das sah der BGH als falsch an:

a) Die Haftung des Geschäftsführers für rechtsgeschäftliche Verbindlichkeiten einer gemäß Companies Act 1985 in England gegründeten private limited company mit tatsächlichem Verwaltungssitz in der Bundesrepublik Deutschland richtet sich nach dem am Ort ihrer Gründung geltenden Recht.

b) Der Niederlassungsfreiheit (Art 43, 48 EG) steht entgegen, den Geschäftsführer einer solchen englischen private limited company mit Verwaltungssitz in Deutschland wegen fehlender Eintragung in einem deutschen Handelsregister der persönlichen Handelndenhaftung analog § 11 Abs 2 GmbHG für deren rechtsgeschäftliche Verbindlichkeiten zu unterwerfen.[23]

2.5 Hamburger Urteil und Kieler Urteil

Im „Hamburger Urteil" (AG Hamburg 67g IN 358/02) wurde der Geschäftsführer einer Limited in einem Missbrauchsfall persönlich haftbar gemacht.[24]

Nachdem die Limited Mitte 2001 aufgelöst worden war, tauchte deren vormaliger Geschäftsführer unter. Tatsächlich jedoch, das ergaben spätere amtliche Ermittlungen im Zusammenhang mit einem in Deutschland beantragten Insolvenzverfahren, führte diese ihre Geschäfte ausschließlich auf dem deutschen Markt.

Zusätzlich wurde eine deutsche GmbH von der Ehefrau betrieben. „Das Geschäftskonzept der beiden Gesellschaften beruhte darauf, dass nahezu sämtliche Einnahmen der deutschen GmbH zugeschlagen wurden, während die englische Limited allein für die Mehrzahl der aufgelaufenen Rechnungen aufkam."

Unabhängig von der Rechtsform – also auch bei einer GmbH oder AG – wäre in jedem Fall der verantwortliche Geschäftsführer haftbar gemacht worden.

Gesellschaftsrechtsspezialist Rechtsanwalt Bieker: „Eine Durchgriffshaftung wird von den Gerichten u.a. grundsätzlich dann bejaht, wenn ein so genannter ‚Institutsmissbrauch' vorliegt, wenn also ein Gesellschafter die Haftungsfreistellung bewusst zum Nachteil seiner Gläubiger einsetzt. Für eine GmbH wird das zum Beispiel bejaht, wenn die geschäftlichen Chancen zwischen einer GmbH und ihren Gesellschaftern so auf-

[23] BGH Urt. v. 14. März 2005 – II ZR 5 /03.
[24] „Limited"-Gesellschafter haften voll, Handelsblatt, 11.06.2003.

geteilt sind, und die GmbH alle Risiken trägt, aber keine Gewinnchance hat. Insoweit besteht eine persönliche Haftung der Gesellschafter."

Die Durchgriffshaftung gegenüber dem Geschäftsführer ist möglich, wenn z.B. Geschäftsführer in betrügerischer Absicht gehandelt haben (fraudulent trading) und das Unternehmen Geschäfte in der Absicht der Gläubigerbenachteiligung unternimmt. Hier kann sich die persönliche Haftung sogar auf alle Personen erstrecken, die wissentlich an diesem Geschäft beteiligt sind.

Im „Kieler-Urteil"[25] verurteilte das Landgericht Kiel einen Limited-Geschäftsführer zu persönlicher Haftung, da er u.a. die 3-Wochen Insolvenzantragspflicht des § 64 Abs 1 GmbHG nicht eingehalten hatte.

Hintergrund war der, dass ein Ltd. Geschäftsführer einen Geschäftspartner um einen Kredit bat, von dem Geschäftspartner noch im weiteren Verlauf provisionspflichtige Geschäfte erhielt und die Provisionen nicht zahlte und dann Insolvenz anmeldete.

Zunächst einmal ist festzustellen:

In einem solchen Fall haftet der Geschäftsführer auch nach englischem Recht eindeutig nach den Grundsätzen des fraudelent trading persönlich !

Das LG Kiel hatte hier dann noch zwei weitere Haftungstatbestände angesprochen und bejaht.

Zum einen eine zivilrechtliche persönliche Haftung des Geschäftsführers aus § 823 Abs 2 BGB i.V.m. § 263 StGB. Also Betrug – kein Wunder bei diesem Sachverhalt.

Dann zieht das LG eine Schleife und wendet § 823 Abs 2 BGB i.V.m. § 64 GmbHG analog an und konzipiert eine persönliche Haftung aus der Verletzung der Insolvenzantragspflicht nach dem GmbHG.

Ob eine solche Haftung in Frage kommt, ist die Frage nach der Einordnung des § 64 GmbHG als insolvenz- oder gesellschaftsrechtliche Vorschrift.

Das LG sieht diese Vorschrift als insolvenzrechtliche an und bejaht damit konsequent auch diesen Haftungstatbestand.

Wie die genannte Norm einzuordnen ist, ist in der juristischen Literatur heftig umstritten und keinesfalls entschieden.

Wir gehen jedenfalls davon aus, dass es sich um eine gesellschaftsrechtliche Norm handelt, die den Haftungstatbestand also so nicht erfüllt. Dies auch im Lichte des oben zitierten Urteils des BGH vom März 2005.

2.6 Weitere Rechtsfolgen

§ 181 BGB – „In-Sich-Geschäfte"

Die in Deutschland unter dem § 181 BGB subsumierten In-sich-Geschäfte haben speziell für kleinere Gesellschaften und Einmannunternehmen eine große Bedeutung. Hiernach darf der Geschäftsführer keine Geschäfte mit sich selbst abschließen.

Grundsätzlich sind Geschäfte, die der Director mit sich selbst schließt, ex post durch die Gesellschaft anfechtbar bzw. in Deutschland schwebend unwirksam.[26]

25 LG Kiel Urt. v. 20. April 2006 – 10 S 44/05.
26 Vgl. Transvaal Lands Co. vs. New Belgium Land and Development Co. [1914] WL 18573.

Diese Anfechtbarkeit kann ex ante vermieden werden, indem der Director den Gesellschaftern seine Interessen an dem Rechtsgeschäft darlegt. Geschieht dies, so ist eine ausdrückliche Genehmigung durch die Gesellschafter nicht mehr erforderlich.[27]

Sollte der Vertrag den Gesellschaftern nicht offengelegt worden sein, kann dieser Mangel dadurch geheilt werden, dass die Hauptversammlung dem Geschäft im Nachhinein zustimmt. Sollte einer der Directoren in Personalunion auch gleichzeitig Geschäftsführer sein, so ist er von der Abstimmung der Hauptversammlung **nicht** ausgeschlossen.[28]

Umstritten war, ob der § 181 BGB auch Anwendung bei Limiteds in Deutschland finden kann. So entschied das Landgericht Freiburg am 22.07.04 als erstes Gericht, dass aufgrund des inzwischen anerkannten Rechts ausländischer Kapitalgesellschaften auch analog bei der GmbH „die Befreiung vom Verbot des § 181 BGB" zulässig ist.

Dem folgte zunächst eine ganze Reihe von Instanzgerichten, die die Eintragung ebenfalls für zulässig erachteten.

Erst als das OLG Celle und das OLG München[29] sich gegen die Eintragung der Befreiung vom Verbot des **§ 181 BGB** aussprachen, wird dies so nicht mehr praktiziert.

Wie sich aber unter dem oben skizzierten herausstellt, ein rein akademischer Streit. Bedingt die Gesellschaft die Vorschrift die Klausel 85 des Table A in der Satzung ab, so sind Insichgeschäfte weitestgehend möglich. Hinzu kommt, dass sich die Informationspflicht für ein Insichgeschäft in einer formlosen Information des Directors an den shareholder erschöpft.[30]

Zudem kann in der Satzung der Gesellschaft aufgenommen werden, dass der Geschäftsführer befugt ist, mit sich und Dritten im eigenen Namen Geschäfte auszuführen. Eine Satzungsbestimmung, die nach englischem Recht durchaus zulässig ist.

---

27 Vgl. *Gower*, L.C.B. (1997), Seite 613.

28 Vgl. North-West Transportation Co. Ltd. vs. Beatty [1887] WL 10896, im deutschen Aktiengesetz ist dies z.B. gemäß § 47 Abs 4 GmbHG ausgeschlossen.

29 GmbHR 2005, 1302 ff.

30 Heinz, Die englische Limited, 2. Aufl. 2006, § 18 Rdnr 75 ff.

3. Die richtige Rechtsform für das Unternehmen

Die Wahl der geeigneten Rechtsform gehört zu den langfristigen unternehmerischen Entscheidungen. Zu komplex und zu wichtig sind rechtliche bzw. steuerliche sowie wirtschaftliche oder auch persönliche Konsequenzen für den Unternehmer, die mit dieser Entscheidung verbunden sind.[31] Daher sollte die Frage nach der richtigen Rechtsform nicht nur einmalig – bei Gründung des Unternehmens – gestellt werden, sondern bedarf insbesondere immer dann der Überprüfung, wenn sich wesentliche Rahmenbedingungen ändern, oder wenn z.B. eine unternehmerische Entscheidung die Ausgliederung bestimmter Haftungsrisiken erfordert.

Mit der Entscheidung des BGH muss die Frage zwangsläufig neu gestellt werden. War vor dem Urteil die Kapitalgesellschaft für viele Unternehmer keine Alternative, kann sie nun durchaus eine erstrebenswerte Alternative sein.

Nachfolgend werden die wichtigsten Rechtsformen kurz dargestellt.[32]

3.1 Einzelunternehmung

Bei der Einzelunternehmung führt ein Kaufmann sein Unternehmen ohne Gesellschafter oder mit einem stillen Gesellschafter. Die Gründung erfolgt formlos, der Einzelunternehmer haftet unbeschränkt. Die Firma der Einzelunternehmung muss den Familiennamen und mindestens einen ausgeschriebenen Vornamen enthalten (Personenfirma). Träger von Rechten und Pflichten ist der Einzelunternehmer. Gleichwohl kann er auch unter seiner Firma klagen und verklagt werden.[33]

3.2 Gesellschaft bürgerlichen Rechts (GbR)

Die GbR ist ein vertraglicher Zusammenschluss von natürlichen oder juristischen Personen, die zur Erreichung eines von den Gesellschaftern verfolgten Zwecks dient. Der Gesellschaftsvertrag wird hierbei formlos abgeschlossen, es bedarf keiner Schriftform. Die GbR kann nicht ins Handelsregister eingetragen werden. Die Gesellschafter haften persönlich mit ihrem Privatvermögen. Die Gesellschaft bürgerlichen Rechts kommt vor allem bei so genannten Gelegenheitsgeschäften – bei Gesellschaften auf Zeit zur Durchführung bestimmter Aufgaben (z.B. Bankenkonsortien zur Emission von Wertpapieren) – vor.[34] Seit einiger Zeit ist die GbR sowohl prozess- wie auch grundbuchfähig.

3.3 Offene Handelsgesellschaft (OHG)

Die Offene Handelsgesellschaft (OHG) ist gemäß § 105 ff HGB eine Gesellschaft, die auf den Betrieb eines Handelsgewerbes unter gemeinsamer Firma ausgerichtet ist. Zur Gründung sind mindestens zwei Gesellschafter nötig.[35] Es handelt sich hier also um eine GbR, die vollkaufmännisch tätig ist. Die Firma muss den Namen mindestens eines Ge-

---

31 Vgl. *Wöhe*, Einführung in die allgemeine Betriebswirtschaftslehre, Seite 263.
32 Weiter gehende Beschreibungen findet man z.B. unter www.rechtsformen.net.
33 Vgl. *Wöhe*, Einführung in die allgemeine Betriebswirtschaftslehre, Seite 266.
34 Vgl. *Wöhe*, Einführung in die allgemeine Betriebswirtschaftslehre, Seite 266.
35 Vgl. *Schmalen*, Grundlagen und Probleme der Betriebswirtschaft, Seite 76.

sellschafters beinhalten. Ferner muss das Gesellschaftsverhältnis zum Ausdruck kommen, d.h. der Zusatz OHG muss im Namen enthalten sein.

Die Gesellschafter der OHG haften ebenfalls unbeschränkt, d.h. auch mit ihrem Privatvermögen.[36]

3.4 Kommanditgesellschaft (KG)

Die Kommanditgesellschaft (KG) wird nach den §§ 161 ff HGB geregelt.[37] Die grundsätzliche Differenzierung zur OHG besteht darin, dass sie zwei Arten von Gesellschaftern hat, Komplementäre und Kommanditisten. Die Komplementäre haften analog zu den Gesellschaftern der OHG gesamt, also auch mit ihrem Privatvermögen. Demgegenüber beschränkt sich die Haftung der Kommanditisten auf die Höhe einer im Handelsregister eingetragenen Kapitaleinlage. Solange diese Einlage noch nicht voll eingezahlt ist, haftet der Kommanditist mit seinem Privatvermögen für die Restzahlung. Zur Gründung sind mindestens zwei Gesellschafter nötig, ein Komplementär und ein Kommanditist. Die Firma muss den Namen mindestens eines Komplementärs sowie den Zusatz auf die Rechtsform, d.h. KG, enthalten. Der Name des Kommanditisten darf nicht in der Firmierung enthalten sein.[38]

3.5 Stille Gesellschaft

Die Regelung der Stillen Gesellschaft erfolgt in den §§ 230 ff HGB.

Dieses Konstrukt ermöglicht die Hinzunahme von weiteren Gesellschaften zu einer bereits bestehenden Gesellschaft, wobei das eingebrachte Vermögen in das Gesellschaftsvermögen übergeht. Im Falle einer Insolvenz kann der stille Gesellschafter seine Einlage verlieren, es sei denn, dies wird vertraglich ausgeschlossen. Dann kann der stille Gesellschafter in Höhe seiner Einlage im Insolvenzfall als Gläubiger auftreten. Eine so genannte atypische Gesellschaft liegt vor, wenn der stille Gesellschafter bei Ausstieg aus der Gesellschaft nicht nur seine eingezahlte Einlage zurückerhält sondern auch am Substanzzuwachs des Unternehmens beteiligt ist. Die Gewinnbeteiligung des stillen Gesellschafters ist in § 231 HGB geregelt und kann nicht ausgeschlossen werden. Der stille Gesellschafter wird nicht in der Firma genannt.[39] Die Bildung einer stillen Gesellschaft ist bei der Limited nicht möglich. Die nach deutschem Recht anerkannte und zulässige typisch oder atypisch stille Beteiligung an einer Gesellschaft muss für die englische Limited ausscheiden.

Das englische Recht kennt keine Gesellschaftsform, die unserer stillen Gesellschaft entspricht. Jede Vereinbarung in dieser Richtung führt zu dem Entstehen einer Partnership, wobei der aktive Gesellschafter die Geschäftsführung übernimmt.[40]

Das englische Gesellschaftsrecht wird von den Offenlegungspflichten beherrscht. Das – mögliche – niedrige Stammkapital der englischen Limited korrespondiert mit diesen Offenlegungspflichten, wie z.B. dem annual account.

[36] Vgl. *Wöhe*, Einführung in die allgemeine Betriebswirtschaftslehre, Seite 267.
[37] Vgl. *Schmalen*, Grundlagen und Probleme der Betriebswirtschaft, Seite 76.
[38] Vgl. *Wöhe*, Einführung in die allgemeine Betriebswirtschaftslehre, Seite 267.
[39] Vgl. *Schmalen*, Grundlagen und Probleme der Betriebswirtschaft , Seite 77.
[40] Güthoff, Gesellschaftsrecht in Großbritannien, 3. Aufl. 2004, S. 3.

Und nur weil diese Offenlegungspflichten die niedrige Kapitalausstattung quasi kompensieren, ist diese möglich. Ein Geschäftspartner kann damit auch mit einer Limited mit absolut geringer Kapitalausstattung Geschäfte eingehen, da er sehen kann, dass die Gesellschaft im übrigen gesund ist und den über sich liegenden Schleier („lifting the veil") gehoben hat.

Würde man nun eine stille Beteiligung zulassen, würde dieser Schleier nicht gehoben, und die vorbeschriebene Korrespondenz wäre nicht gegeben. Die „Gegenkontrolle" zur geringen Kapitalausstattung wäre ausgehebelt und damit wäre ein grundlegender Gedanke des englischen Gesellschaftsrechts verletzt.

3.6 Nachhaftung der Gesellschafter bei Personengesellschaften

Vielen Inhabern der zuvor beschriebenen Personengesellschaften ist nicht bekannt, dass Sie auch im Schadensfall bis zu 5 Jahre, z.B. nach dem Verkauf des Unternehmens oder dem Austritt als Gesellschafter einer GbR, nachhaften.

Was bedeutet die gesetzlich vorgeschriebene 5-jährige Nachhaftung für Einzelunternehmen, GbRs, OHGs oder KGs?

Einzelunternehmen

Beim Verkauf des Unternehmens haftet der Verkäufer 5 Jahre für alle Verträge, die er vor dem Verkauf eingegangen ist. Man spricht hier von einer Nachhaftung. Der Käufer haftet nur für neue Verträge. Tritt allerdings jemand als persönlich haftender Gesellschafter oder als Kommanditist in das Geschäft eines Einzelkaufmanns ein, so haftet die Gesellschaft, auch wenn sie die frühere Firma nicht fortführt, für alle im Betriebe des Geschäfts entstandenen Verbindlichkeiten des früheren Inhabers (vgl. § 28 HGB).

Erben haften komplett mit ihrem Privatvermögen für Altverträge und Altverbindlichkeiten, wenn sie nicht innerhalb von sechs Wochen das Erbe ausschlagen. Das heißt, wollen die Erben das Risiko der Nachhaftung nicht eingehen, müssen diese das gesamte Erbe ausschließen. Dies nur auf die Firma zu beziehen ist nicht möglich.

Kaufmann

In dem Fall haftet der Käufer neben dem Verkäufer auch für alle Alt-Verträge. Kaufmannserben haften wie bei der Einzelfirma und können das (gesamte) Erbe innerhalb von 3 Monaten ausschlagen.

Die Gesellschafter haften mit dem Privatvermögen. Neu hinzukommende Gesellschafter haften auch für Altverbindlichkeiten. Die Erbfolge sollte im Gesellschaftervertrag festgehalten sein, falls der Erbe Gesellschafter werden soll. Wenn dieser ausgezahlt werden soll, trifft ihn die 5-jährige Nachhaftung. Die Nachhaftung trifft auch für ausscheidende Gesellschafter zu.

GbR

Wenn ein Gesellschafter aus einer GbR austritt, haftet er bis zu 5 Jahre für alle Verbindlichkeiten, wie z.B. Miet- und Leasingverträge. Dies trifft auch bei einem Erben zu. Dieser kann die Erbschaft insgesamt ausschlagen, nur die Ausschlagung des GbR-Anteils ist nicht möglich. Durch eine entsprechende (bürokratische) Nachlassverwaltung kann er sich unter Umständen der Nachhaftung entziehen.

Mit seinem Urteil vom 07.04.2003 hat der BGH seine Rechtsprechung zur Haftung von Neugesellschaftern einer GbR für Altschulden der Gesellschaft geändert. Ein neu in die GbR eintretender Gesellschafter haftet danach in entsprechender Anwendung des § 130 HGB für die bei seinem Eintritt bestehenden Verbindlichkeiten der Gesellschaft grundsätzlich neben den bisherigen Gesellschaftern persönlich, d.h. mit seinem Privatvermögen.

OHG

Die Gesellschafter haften auch hier mit dem Privatvermögen. Neu hinzukommende Gesellschafter haften auch für Altverbindlichkeiten. Die Erbfolge sollte im Gesellschaftervertrag festgehalten sein, falls der Erbe Gesellschafter werden soll. Wenn dieser ausgezahlt werden soll, trifft ihn die 5-jährige Nachhaftung. Die Nachhaftung trifft auch für ausscheidende Gesellschafter zu.

KG

Der Kommanditist haftet nur in Höhe seiner Einlage, die im Gesellschaftervertrag festgelegt ist. Der persönlich haftende Gesellschafter (Komplementär) haftet hingegen unbegrenzt, d.h. auch mit seinem Privatvermögen. Sofern keine stille Beteiligung vorliegt, entstehen für die Eintragung oder auch spätere Löschung des Kommanditisten Kosten und Aufwand durch das bürokratische Handelsregister. Eine einfache Führung eines Aktionärsbuches wie bei der englischen Limited ist bei der KG (wie auch bei der GmbH) nicht möglich.

Die Nachfolge ist wie bei der OHG geregelt. Eine Ausnahme bildet die Erbregelung des Kommanditisten. Diese Einlage wird ohne Pflichten weitervererbt.

3.7 Aktiengesellschaft (AG)

Die gesetzliche Regelung basiert auf dem Aktiengesetz (AktG). Für die Gründung der AG sind mindestens fünf Gesellschafter bzw. Aktionäre notwendig.[41] Das Grundkapital bzw. Nominalkapital von 50.000 Euro ist in Aktien zerlegt. Durch die Möglichkeit der Aufnahme von Kapital über den Kapitalmarkt ist diese Rechtsform vor allem bei größeren Unternehmen beliebt.[42] Die Geschäftsführung der AG ist auf drei Organe verteilt: Vorstand, Aufsichtsrat und Hauptversammlung.

Der Vorstand führt die laufenden Geschäfte, berichtet an den Aufsichtsrat und besteht in der Regel aus mehreren Personen.

Der Aufsichtsrat bestellt und entlässt den Vorstand und überwacht und berät ihn. Die Wahlperiode beträgt fünf Jahre, Wiederbestellungen sind möglich. Die Größe des Aufsichtsrates richtet sich nach der Unternehmensgröße und liegt zwischen 3 und 21 Personen, u.a. aus Arbeitnehmervertretern. Zwei Aufsichtsratsitzungen per anno sind Pflicht, für börsennotierte Unternehmen vier. Insbesondere die Kontrollfunktion des Aufsichtsrates ist nach den letzten, aktuellen Börsenskandalen im Rahmen der Corporate Governance Diskussion in den Mittelpunkt der Betrachtung geraten. Die Haftung von Vorstands- und Aufsichtsratmitgliedern soll bei grob fahrlässiger Falschinformation ausgeweitet und die Berichterstattung von börsennotierten Unternehmen soll erweitert werden.

---

41 Vgl. *Schmalen*, Grundlagen und Probleme der Betriebswirtschaft , Seite 77.
42 Vgl. *Wöhe*, Einführung in die allgemeine Betriebswirtschaftslehre, Seite 269.

Die Hauptversammlung konstituiert sich aus den Aktionären und tritt in der Regel einmal per anno zusammen. Der Aufsichtsrat hat der Hauptversammlung über seine Tätigkeiten zu berichten. Die Hauptversammlung hat bei einer Reihe von Unternehmensfragen das Entscheidungsrecht, z.B.:

- Wahl von Aufsichtsratmitgliedern
- Entlastung von Vorstand und Aufsichtsrat
- Bestellung der Abschlussprüfer
- Fusion mit anderen Gesellschaften
- Kapitalerhöhung
- Verwendung von 50% des Jahresüberschusses

Die Stimmrechte der Aktionäre bemessen sich nach dem relativen Nennwert ihres Aktienbesitzes. Die Stimmrechte können durch Bevollmächtigte, z.B. Depotbanken, ausgeübt werden. Beschlüsse der Hauptversammlung bedürfen der Mehrheit, in besonderen Fällen einer Drei-Viertel-Mehrheit des Grundkapitals. Daher wird bei einem Stimmanteil von 25% von einer so genannten Sperrminorität gesprochen.

Insbesondere für mittelständische Unternehmen soll die Rechtsform der AG durch die so genannte „Kleine AG" mit zahlreichen Verwaltungsvereinfachungen attraktiver gemacht werden. Hier genügt bereits ein Gesellschafter. Ferner entfallen die strengen Publizitätsvorschriften und bei der Einberufung der Hauptversammlung reicht ein eingeschriebener Brief anstelle einer öffentlichen Bekanntmachung, sofern die Aktionäre namentlich bekannt sind.[43]

3.8 Gesellschaft mit beschränkter Haftung (GmbH)

Wie bei der AG erfolgt die gesetzliche Regelung der GmbH durch ein eigenes Gesetz, das so genannte GmbH Gesetz. Bei der Gründung ist lediglich ein Gesellschafter notwendig, der in diesem Falle dann auch Geschäftsführer ist (Geschäftsführender Gesellschafter). Ebenfalls ähnlich wie bei der AG ist die Geschäftsführung auf drei Organe aufgeteilt:

- Gesellschafterversammlung
- Geschäftsführung
- Aufsichtsrat (nur bei Gesellschaften ab 500 Arbeitnehmer oder fakultativ)

Die Geschäftsführung wird von der Gesellschafterversammlung ohne festgesetzte Wahlperiode bestimmt.

Das Stammkapital der GmbH beträgt mindestens 25.000 Euro[44] (Österreich 35.000 Euro). Die Stammeinlagen (GmbH-Anteile) können im Rahmen der Eigenkapitalbeschaffung mit einem Nennwert von 250 Euro von der Gesellschaft mindestens zu pari zum Kauf angeboten werden. Ein Anteilseigner kann seine Stammeinlage lediglich durch eine notariell beurkundete Abtretung übertragen. Jede Kapitalveränderung ist notariell zu beglaubigen und zum Handelsregister anzumelden.

[43] Vgl. *Schmalen*, Grundlagen und Probleme der Betriebswirtschaft, Seite 77 f.
[44] Vgl. aber auch oben bei Fn. 4.

Der Zugang zur Börse ist versperrt. Die Haftung der Gesellschaft beschränkt sich auf das Vermögen der Gesellschaft, d.h. der Gesellschafter verliert u.U. seine Einlage.[45] Im Rahmen der GmbH-Reform soll noch eine Variante der GmbH geschaffen werden, die über kein Haftungskapital verfügen muss. Das Kapital soll durch Rückstellung von 25% der jährlichen Gewinne geschaffen werden. Verschärft sind allerdings die Offenlegungspflichten. Ebenso bedarf die Satzung dieser Gesellschaft keiner notariellen Beurkundung, wenn ein im Anhang zu GmbHG enthaltener Mustervertrag als Satzung verwendet wird.[46]

3.9 Kommanditgesellschaft auf Aktien (KGaA)

Die Kommanditgesellschaft auf Aktien ist eine Mischform aus KG und Aktiengesellschaft. Mindestens ein Gesellschafter (Komplementär) muss persönlich mit seinem gesamten Vermögen haften. Demgegenüber beschränkt sich die Haftung der Kommandit-Aktionäre (Kommanditisten) auf ihre in Aktien verbrieften Kapitaleinlagen. Die Rechtsverhältnisse der KGaA sind im Aktienrecht geregelt.[47] Auch bei dieser Mischform besteht die Geschäftsführung aus drei Organen:

- Aufsichtsrat
- Hauptversammlung
- Vorstand (besteht ausschließlich aus Komplementären)

Oftmals geht eine KGaA aus einer KG hervor, um einen Zugang zum Kapitalmarkt zu ermöglichen. Hierbei werden zunächst die Anteile der Kommanditisten in Aktien umgewandelt. Anschließend wird über die Börse eine weitere Aktienemission durchgeführt.[48]

3.10 GmbH & Co. KG

Diese Mischform hat sich insbesondere aus steuerlichen Überlegungen heraus entwickelt und bildet eine Variante der KG, bei der der Komplementär eine GmbH ist.[49] Die GmbH & Co. KG ist eine Personengesellschaft, obwohl die Haftung des Komplementärs auf das Gesellschaftervermögen der GmbH beschränkt ist. Dennoch kommen die steuerlichen Regelungen der Personengesellschaft zur Anwendung.[50]

3.11 Europäische Kapitalgesellschaften

Seit dem Urteil des Europäischen Gerichtshofes vom 05.11.2002 lässt sich die Frage nach der geeigneten Rechtsform für Unternehmen in Europa neu stellen. Dieser Startschuss zu einem Wettbewerb der gesellschaftsrechtlichen Systeme lässt die Frage der geeigneten Rechtsform in einer internationalen Dimension erscheinen. Die zuvor beschriebenen alternativen Rechtsformen werden erweitert um die Wahl des Landes, in

---

45 Vgl. *Schmalen*, Grundlagen und Probleme der Betriebswirtschaft, Seite 81.
46 Pressemitteilung des BMJ v. 23. 5. 2007.
47 Vgl. *Wöhe*, Einführung in die Allgemeine Betriebswirtschaftslehre, Seite 270.
48 Vgl. *Schmalen*, Grundlagen und Probleme der Betriebswirtschaft, Seite 82.
49 Vgl. *Wöhe*, Einführung in die Allgemeine Betriebswirtschaftslehre Seite 267.
50 Vgl. *Schmalen*, Grundlagen und Probleme der Betriebswirtschaft, Seite 81 f.

dem der satzungsmäßige Sitz und/oder der Verwaltungssitz der Gesellschaft liegen soll. Die so genannten „europäischen-GmbHs" wie die französische Société à responsabilité limiteé (Sàrl), die niederländische Besloten Vernootschap (BV), die spanische Sociedad Limitada Nueva Empresa (SLNE) oder eben die britische Private Company Limited By Shares (Ltd.) sind bedenkenswerte Alternativen, wenn es um Fragen wie Haftungsbegrenzung geht oder günstigere Steuersätze ausgenutzt werden sollen. Die eigentliche europäische Aktiengesellschaft (S.E.) dürfte dabei den geringsten Raum einnehmen, da die Gründung umfangreiche Formalien und ein Stammkapital von 120.000 Euro erfordert.

4. Die Limited

Das englische Gesellschaftsrecht ist das älteste und am weitesten verbreitete Gesellschaftsrecht überhaupt.

Bei der englischen Limited werden insbesondere die *private* und *public* Limited unterschieden. Der Hauptunterschied ist das Haftungskapital der public Limited, welches 50.000 Pfund beträgt und zu mind. 25% einbezahlt werden muss.

In Deutschland/Österreich wird die Limited der GmbH gleich gesetzt. Die Public Limited der AG.

In den Ausarbeitungen beziehen wir uns auf die private Limited[51], da der Anteil der public Limiteds von ca. 15.000 an den 1,8 Mio. eingetragenen Limiteds gesamt sehr gering ist. Die Umwandlung der Limited in eine Public Limited wird per Satzungsänderung vollzogen. Für diese Satzungsänderung ist ein Gesellschafterbeschluss mit 75% Mehrheit erforderlich.[52] Der Wechsel in eine neue Rechtsform wie bei der GmbH in die AG ist nicht notwendig.

Im Gegensatz zu der Vielzahl von diversen Gesellschaftsformen wie z.B. in Deutschland/Österreich gibt es in England noch Partnerships und den Sole Trader (vergleichbar mit dem Einzelkaufmann).

Eine *partnership* wird häufig der OHG gleichgestellt. Allerdings muss in England dazu nicht als Geschäftszweck ein Handelsbetrieb betrieben werden. Ein Zusammenschluss von Unternehmen zum Zwecke der Gewinnerwirtschaftung reicht dazu aus.[53]

Das englische Gesellschaftsrecht sieht grundsätzlich drei Gesellschaftsformen vor: Single oder Sole Trader (Alleinunternehmer), Partnerships (Personengesellschaften) und Companies (Kapitalgesellschaften).

Mischformen aus Kapital- und Personengesellschaften, insbesondere steuermotiviert, sind in England unbekannt.

Für bestimmte Geschäftsbereiche wurden darüber hinaus weitere Organisationsformen entwickelt, wie z.B. die Building Societies, Genossenschaften oder bestimmte Versicherungsgesellschaften.[54]

Companies werden in drei Gesellschaftstypen unterteilt:

- *companies limited by shares*
  Die Haftung der Gesellschafter ist auf die Gesellschaftereinlage beschränkt (bedeutsamste Rechtsform).
- *companies limited by guarantee*
  Die Gesellschafter verpflichten sich im Falle einer Liquidation für die Verbindlichkeiten der Gesellschaft bis zu einer bestimmten Höhe zu haften (vorwiegend bei nicht gewinnorientierten Unternehmen).
- *unlimited companies*
  Unbegrenzte Haftung der Gesellschafter bzw. Mitglieder für die Verbindlichkeiten der Gesellschaft.[55]

---

51 Die genaue Bezeichnung lautet: Private Limited Company by Shares.
52 Sec. 43 (1) a Companies Act 1985.
53 Vgl. *Triebel*, Englisches Handelsrecht, Seite 209.
54 Vgl. *Güthoff*, Gesellschaftsrecht in Großbritannien, Seite 1.
55 Vgl. *Bernstorff*, Einführung in das englische Recht, Seite 203.

4.1 Definition der Limited

Die Limited ist eine Kapitalgesellschaft, also eine juristische Person mit eigenen Rechten und Pflichten und ist damit getrennt zu betrachten von den Gesellschaftern, welchen das Unternehmen in Form von Anteilen gehört und von den Personen, die das Unternehmen führen und vertreten (Geschäftsführer/Directoren).

Die Limited kann z.B.:

- Eigene Immobilien kaufen,
- Mitarbeiter anstellen,
- Verträge abschließen,
- vor Gericht klagen/verklagt werden.

Während Unternehmer in einer Personengesellschaft Vertragsbeziehungen mit Geschäftspartnern eingehen und dafür voll haftbar gemacht werden können, handelt die Limited als eigene juristische Person. Die Limited wird durch den Director (Geschäftsführer), oder bei mehreren, durch das „board of Directors„, d.h. alle Geschäftsführer, vertreten. Jedem einzelnen Director obliegen gegenüber der Gesellschaft besondere Treuepflichten. So sind sie beispielsweise dazu verpflichtet, innerhalb ihrer Grenzen der Vertretungsmacht und der Geschäftsführungsbefugnis zu handeln und dabei auch die Interessen der Gesellschafter zu berücksichtigen. Er wird auch als „trustee“, als Treuhänder der Gesellschaft bezeichnet, da er wie ein Treuhänder die Interessen der Gesellschaft wahrzunhemen hat und nicht nur die reine Geschäftsführung. Bei Interessenkonflikten ist grundsätzlich dem Interesse der Gesellschaft der Vorrang zu gewähren. So hat der Director z.B. bei einem eigenen Interesse bei einem Geschäft der Gesellschaft den Gesellschafter sein Interesse kundzutun. Im Falle der Verletzung dieser Treuepflichten haftet der Director der Gesellschaft gegenüber für den dadurch entstandenen Schaden persönlich

Der Geschäftsführer muss insbesondere die Interessen der Inhaber (Gesellschafter) der Limited verfolgen.

Den Gesellschaftern können besondere Rechte eingeräumt werden, z.B. ein Mitspracherecht bei wichtigen Entscheidungen. Die Gesellschafter haben auch das Recht den bisherigen Geschäftsführer abzuberufen und einen neuen Geschäftsführer zu bestellen. Dies mit einer Stimmenmehrheit von 51% der auf der Gesellschafterversammlung anwesenden Stimmen. Die Rechte der Gesellschafter sind teilweise vergleichbar z.B. mit der „kleinen AG“ bzw. der GmbH.

Die private Limited Company (Limited) bietet insbesondere Existenzgründern, kleinen und mittleren Unternehmen (KMU) Möglichkeiten, die Vorteile der garantierten europäischen Niederlassungsfreiheit zu nutzen, um sich damit vor der persönlichen Haftung zu schützen.

4.2 Die Organe der Limited Company

Neben den nachfolgend beschriebenen Organen Company Secretary und Director benötigt die Limited in UK noch ein so genanntes Registered Office.

Dieses registrierte Büro dient dazu, offizielle Dokumente zu empfangen und muss in England sein. Eine Postfachadresse ist nicht zulässig. Im registered office sind zudem die Gesellschaftsregister vorzuhalten. Hierzu gehört u.a. die Gesellschafterliste und die

Direktorenliste. Aber auch Beschlüsse, die das Innenverhältnis der Gesellschaft betreffen und auch das Verzeichnis der von der Gesellschaft aufgenommenen Darlehen.

4.2.1 Der Secretary

Die Private Limited Company muss mindestens einen Secretary haben,[56] der jedoch keine besonderen fachlichen Qualifikationen vorzuweisen hat. Im deutschen/österreichischen Recht gibt es keine vergleichbare Position. Der Company Secretary hat kraft Gesetz keine „besondere Macht“ oder besondere Rechte im Unternehmen, es sei denn, es steht in seinem Arbeitsvertrag, d.h. er hat kraft Gesetz keine Vollmacht auf Geschäftskonten oder sonstige Befugnisse, wie Änderungen von Satzungen etc.

Der Sekretär übernimmt i.d.R. folgende Aufgaben:

- Registrierung des Geschäftsführers/der Geschäftsführer und des Sekretärs
- Einladung zu Haupt- und Gesellschafterversammlungen
- Überprüfung der Einhaltung der Registervorschriften

Diese Aufgaben kann auch der Geschäftsführer selbst übernehmen, sofern eine zweite Person als Director bestimmt ist.

Der Company Secretary der Limited bedarf für die Ausübung dieses Amtes keiner besonderen Qualifikation. Company Secretary kann jede natürlich oder auch juristische Person sein, also auch eine andere Limited.

4.2.2 Der Director

Der Director ist verantwortlich für das Führen der Gesellschaft und ihre Vertretung im Innen- und Außenverhältnis. Die Befugnis und Vollmacht des Directors kann durch die Satzung (Articles of Association) zum Teil eingeschränkt werden, nicht aber seine gesetzlichen Rechte und Pflichten.

In der Regel kann der Director alles das tun, was die Gesellschaft tun kann. Mit der Vollmacht einher geht auch die Verantwortung gegenüber der Firma. Der Director muss dabei sicherstellen, dass die Firmenaktivitäten, sein Handeln und Unterlassen mit dem Gesetz vereinbar sind, und dass die zu treffenden Entscheidungen im Sinne der Firma liegen. Wenn eine Private Limited Company mehrere Geschäftsführer hat, so sind nur alle Geschäftsführer gemeinschaftlich zur Geschäftsführung befugt, es sei denn durch Satzung, Gesellschafterbeschluss oder auch Arbeitsvertrag der Directoren/Geschäftsführer ist etwas anderes bestimmt (vergleichbar mit der GmbH).

Aufgaben und Pflichten des Geschäftsführers (Directors)

Der Director ist verantwortlich für die fristgerechte Einreichung folgender Dokumente:

- Buchhaltung (Accounts) und Steuerklärung
- Statusbericht (Annual Return)
- Bilanz und Jahresabschluss (Annual Account)

---

56 Ab Oktober 2008, also nach vollständiger Umsetzung des neuen Companies Act wird das Erfordernis des Company Secretary für eine Gesellschaft nur noch optional sein.

Buchhaltung und Steuerklärung

Wenn die Limited ihren Hauptgeschäftssitz in Deutschland unterhält und als selbständige Niederlassung agiert, dann gilt die Limited in Deutschland als unbeschränkt körperschaftsteuerpflichtig. Das bedeutet, der deutsche Steuerberater erstellt die Steuererklärung nach den Vorschriften, die bei einer deutschen GmbH anzulegen sind.

Wenn sich der Hauptgeschäftssitz in Deutschland/Österreich befindet und es keinen Geschäftssitz in England gibt, dann muss die Gesellschaft keinen Jahresabschluss gegenüber dem englischen Finanzamt abgeben. Hierzu reicht eine Nullsteuererklärung, da die Unternehmen nicht in England tätig sind.

Statusbericht (Annual Return)

Beim jährlichen Statusbericht (Annual Return) werden die Gründungsdaten überprüft, d.h., ob es Änderungen bei den Gesellschaftern, Directoren etc. gegeben hat.

Innerhalb von 28 Tagen nach Ablauf der „Return-Frist“ muss der Bericht an das englische Handelsregister geschickt werden. Erstmalig fällig wird der Return also spätestens 1 Jahr und 28 Tage nach der Gründung fällig. Der „Annual Return“ ist alle 12 Monate zu wiederholen. Für die fristgerechte Rücksendung ist der Director persönlich verantwortlich. Das Unterlassen führt zu einer Strafe. Und kann zur sofortigen (Zwangs-) Löschung der Gesellschaft im englischen Register führen. In der Regel übernehmen die Gründungsagenturen die Aufgabe den Return einzureichen.

Bilanz und Jahresabschluss (Annual Account)

Gegenüber dem englischen Handelsregister ist – wie auch in Deutschland – einmal jährlich die Bilanz der Gesellschaft einzureichen. Die Buchführungspflicht liegt in der besonderen Verantwortung bei jedem einzelnen Director. Ausschließlich in Deutschland oder Österreich tätige Unternehmen übernehmen die notwendigen Daten aus dem deutschen/österreichischen Jahresabschluss und reichen sie beim englischen Handelsregister ein.

Jedes Unternehmen hat dieser Pflicht nachzukommen, selbst wenn es nicht aktiv ist. Wenn es nicht aktiv ist, wird eine so genannte „Nullbilanz“ mit einem einseitigen Formblatt DCA (Dormant Company Account) eingereicht.

Die Vordrucke mit deutscher Übersetzung werden i.d.R. von Gründungsagenturen verschickt.

Einreichungsfrist (Accounting Reference Date)

Jedes Unternehmen hat ein Accounting Reference Date, das Datum, an dem das Geschäftsjahr endet. Die Unterlagen sind bis max. 10 Monate nach diesem Datum einzureichen. Das Accounting Reference Date ist bei Unternehmen im nächsten Jahr der letzte Tag im Monat, in welchem das Unternehmen gegründet wurde.

Beispiel: Ein Unternehmen wurde am 05.07.2007 gegründet.
Accounting Reference Date ist der 31.07.2008.

Das Geschäftsjahr kann auch kürzer als 12 Monate sein oder bis auf max. 18 Monate verlängert werden. Das bedeutet, Unternehmen die nach dem 01.07.2007 gegründet wurden, können das Geschäftsjahr auf den 31.12.2008 ausdehnen. Unternehmen die bis zum 30.06.2007 gegründet wurden, können ihr Geschäftsjahr auf den 31.12.2007 verkürzen, um damit das gleiche Geschäftsjahr wie bei der deutschen Niederlassung zu haben.

Unternehmen die ausschließlich in England tätig sind, können dieses unterjährige Geschäftsjahr belassen. Die Änderungen werden mit dem Formular 225 eingereicht.

Strafen bei Nichteinreichung

Sollten die Unterlagen nicht fristgerecht eingereicht werden, zieht dies automatisch eine Ordnungsstrafe zwischen £ 100 (EUR 150) und £ 1.000 (EUR 1.500) nach sich. Bei einer Public Limited bewegen sich diese Strafbeträge zwischen £ 500 (EUR 750) und £5.000 (EUR 7.500).

Das Unterlassen der Einreichung der Unterlagen stellt in England eine Straftat dar. Dies kann bis zur Disqualifizierung des Directors und zur Disqualifizierung für zukünftige Directorenposten führen und wird u.U. mit 2 bis 4 Jahren Freiheitsstrafe bedroht, wenn ein Wiederholungsfall vorliegt

Grund der Offenlegungspflichten

In Deutschland wird davon ausgegangen, dass der Gläubigerschutz durch das Stammkapital z.B. der GmbH gewährleistet ist. Dies wäre bei einem GBP bei der Limited wohl kaum so. Aus diesem Grunde wurde in England ein viel effektiveres und besseres System des Gläubigerschutzes entwickelt, welches zudem dem Unternehmer bedeutend mehr Eigenverantwortung zuweist.

Jedermann kann, gfls. gegen eine Gebühr von 1 GBP, bei bestimmten Daten Einsicht in das Companies House of Cardiff nehmen und die Stammdaten der Gesellschaft einschließlich der Accounts einsehen. So kann jeder selbst entscheiden, ob er mit dieser Gesellschaft ein Geschäft abschließen will und wie liquide diese Gesellschaft ist, oder wer Gesellschafter ist. D.h. der Gläubigerschutz liegt nun in der Person des betreffenden Gläubigers als potenzieller Geschäftspartner. Und damit dieses System auch wirklich funktioniert, wird peinlich genau darauf geachtet, dass die Offenlegungspflichten pünktlich, genau und richtig eingehalten werden.

4.2.3 Gesellschafterversammlungen – „AGM“ und „EGM“

Die Hauptversammlung einer Limited wird als „annual general meeting“, eine außerordentliche Hauptversammlung als „extraordinary general meeting“ bezeichnet. Diese sind notwendig für wichtige Entscheidungen der Gesellschafter, z.B. Änderungen des Memorandums und der Articles, Festlegung und Beschränkung der Aufgaben, Rechte und Pflichten der Direktoren, ggfs. Ernennung der Direktoren und auch die Auflösung der Gesellschaft usw.

(a) AGM (Annual General Meeting)

Nach englischem Recht sind die Direktoren verpflichtet, einmal im Jahr ein AGM (Annual General Meeting) einzuberufen. Das Datum kann variieren, die Regel ist aber, dass zwischen zwei AGMs nicht mehr als maximal 15 Monate liegen dürfen.

Ausnahme bei Neugründungen: Das erste AGM muss innerhalb der ersten 18 Monate vom Zeitpunkt der Eintragung der Gesellschaft erfolgen.

Die Gesellschafter müssen 21 volle Tage vor dem Abhalten eines AGM benachrichtigt werden.

Zur Vereinfachung der Geschäftsführung kann die Benachrichtigungsfrist verkürzt werden. Auch kann die Notwendigkeit zur Durchführung eines AGM durch einstimmigen Beschluss („Elective Resolution“) abgeschafft werden. Jeder Gesellschafter behält aber das Recht jederzeit ein AGM verlangen zu können, wenn er es für notwendig hält. Dieses Recht kann nicht abbedungen werden. Wobei der Gesellschafter aber zumindest 10% der Anteile halten muss. Ansonsten kann er von den Direktoren nicht verlangen, dass diese eine Gesellschafterversammlung einberufen.

(b) EGM (Extraordinary General Meeting)

EGM ist die Bezeichnung für jede andere Gesellschafterversammlung.

Die Frist für die Benachrichtigung der Gesellschafter beträgt 14 Tage, wenn „Ordinary Resolutions“ und 21 Tage wenn „Special Resolutions“ bzw. andere „Resolutions“ beschlossen werden sollen.

Die Einberufung eines EGM ist Sache der Direktoren, wenn die Notwendigkeit für einen Gesellschafterbeschluss gegeben ist. Die Gesellschafter haben auch Befugnisse, ein EGM zu verlangen. Es müssen aber hierfür mindestens 10% der stimmberechtigten Gesellschafteranteile schriftlich ein Ersuchen an die Gesellschaft richten, dass ein EGM einberufen werden muss und aus welchen Gründen es abgehalten werden soll.

Die Benachrichtigung/Einberufung von AGMs bzw. EGMs muss schriftlich bzw. elektronisch (per E-Mail) an alle Mitglieder oder deren Rechtsnachfolger erfolgen.

Die Benachrichtigung muss den Text der zu beschließenden Resolutionen beinhalten. Aufgrund der Benachrichtigungsfristen von 14 bzw. 21 Tagen ist eine Änderung des vorgeschlagenen Resolutionstextes während einer Versammlung nicht mehr möglich.

Um die vorgenannte Prozedur zu vereinfachen, können die Benachrichtigungsfristen verkürzt werden. Die Verkürzung erfolgt durch eine so genannte „Consent to short Notice“, also der Zustimmung aller Gesellschafter zur Verkürzung der Benachrichtigungsfrist. Um wirksam zu sein, muss der „Consent to short Notice“ aber entweder als schriftlicher Beschluss von allen Gesellschaftern unterzeichnet werden (das ist die übliche Praxis), oder aber mindestens 95% aller Stimmanteile erklären sich mit der Verkürzung einverstanden.

Natürlich muss diese Beschlussfassung nicht im Heimatland der Limited erfolgen, sondern kann auch z.B. am Ort der deutschen Zweigniederlassung geschehen.

4.3 Die Satzung

Im Gegensatz zur inländischen Satzung ist die englische in zwei Dokumente aufgeteilt:

Memorandum of Association

Das Memorandum befasst sich mit dem Außenverhältnis der Gesellschaft. Es beinhaltet u.a. den Namen des Unternehmens, wo sich das registrierte Büro der Gesellschaft (Firmensitz) befindet, die Höhe und Aufteilung des Nominalkapitals und den ausformulierten Geschäftszweck. Ganz wesentlich ist, dass im Memorandum der Satz auftaucht „The liability of the members is limited“. Also „Die Haftung der Gesellschafter ist beschränkt“. Diese Haftungsbeschränkung auf das Haftungskapital der Gesellschaft ist eine vertragliche Vereinbarung zwischen den Gesellschaftern und damit in das Memorandum als Teil der Satzung (Gesellschaftsvertrag) aufzunehmen. Befindet sich dieser Satz nicht im Memorandum liegt keine Haftungsbeschränkung vor, auch wenn die Limited in das Companies House of Cardiff eingetragen wurde und das Certificate of Incorporation (die Gründungsurkunde) durch das Companies House ausgestellt wurde.

Articles of Association

Die Articles beschreiben die internen Regeln und Pflichten. Dabei ist die Mustersatzung, das so genannte Table A, ein Anhang zum Companies Act von 1985–1989 für die Orientierung maßgeblich. Das Table A gilt für alle Limited Companies, auch wenn sie selbst, eigene Articles haben. In der Regel werden in den Articles aber bestimmte Vorschriften des Table A abbedungen. Die Articles regeln Fragen des Gesellschaftskapitals, Gattung von Aktien, Stimmrechte; Ernennung, Rechte und Pflichten der Directoren, Übertragung von Anteilen etc.

4.4 Die Vorteile der Limited

Eine Limited bietet einige Vorteile. Die wichtigsten sind:

1. Limitierte Haftung – Keine Haftung mit dem Privatvermögen
2. Gründungskapital ab £ 1 (€ 1,40) möglich – keine € 25.000[57] (€ 35.000 in Österreich) wie bei der GmbH
3. Alle Möglichkeiten bei der Wahl des Firmennamens[58]
4. Auslagern von Betriebsrisiken – Bildung einer Holdingstruktur
5. Jederzeit Hinzunahme von Aktionären/Gesellschaftern oder Kapitalerhöhung
6. Firmenfreundliches Gesellschaftsrecht – kein Notar nötig bei Satzungsänderung[59]
7. Einfaches Auflösen der Gesellschaft für £ 10 (€ 15)
8. Pensionszusagen
9. Handwerkerpflichtversicherung
10. Vorteile bei der Gesellschafterfinanzierung

Was bedeuten die genannten Vorteile?

1. Limitierte Haftung

Eine beschränkte (limitierte) Haftung bedeutet, dass die Gesellschafter für die Schulden und Verbindlichkeiten einer Gesellschaft nicht persönlich eintreten müssen. Denn diese Verbindlichkeiten betreffen nicht die Gesellschafter, sondern die Gesellschaft.[60] Die Firma und die Gesellschafter sind jeweils eigenständige Rechtspersönlichkeiten.

Generell spricht man in England davon, dass eine private Haftung ausgeschlossen ist, wenn man dem Gericht zufriedenstellend darlegen kann, dass man „reasonably und honestly" (vernünftig und ehrlich) – in Deutschland hieße dies, nach den Regeln eines ordentlichen Kaufmanns – gehandelt hat. Tut er dies nicht, haftet er persönlich nach den Grundsätzen des „wrongful trading„.Eine Haftungsfreistellung im Missbrauchsfall ist allerdings auch bei der Limited wie bei einer GmbH/AG nicht möglich (siehe auch 2.5.).

Die Gesellschafter sind nur für den evtl. nicht voll eingezahlten Betrag verantwortlich, der beim Kauf von Gesellschaftsanteilen gemäß den Vorgaben noch offen sein kann. Ansonsten spricht man davon, dass die Gesellschaft eine limitierte bzw. eingeschränkte Haftung besitzt; nämlich grundsätzlich nur in der Höhe ihres im Gesellschaftsvertrag verankerten Stamm- bzw. Nominalkapitals. Kann das Unternehmen seine Verbindlich-

[57] Oder zumindest 10.000 Euro nach der GmbH-Reform.
[58] Unter Ausschluss von irreführenden Firmierungen in Deutschland (vgl. § 18 II HGB).
[59] Aber Einreichung der Satzungsänderung zum deutschen Handelsregister bei der Zweigniederlassung.
[60] Running a Limited Company, Seite 5.

keiten jedoch nicht mehr erfüllen, muss das Unternehmen durch seinen Geschäftsführer Insolvenz anmelden.

Demgegenüber muss eine Personengesellschaft für ihre Verbindlichkeiten durch ihre Inhaber selbst „unlimitiert"/unbeschränkt haften. Bei einer GbR/OHG haftet zudem auch der Gesellschafter für die anderen Gesellschafter mit seinem gesamten privaten Vermögen, falls diese nicht in der Lage sind, ihre Verpflichtungen zu erfüllen.

Kann der Inhaber einer Personengesellschaft seine Verbindlichkeiten nicht mehr erfüllen, muss auch dieser Insolvenz anmelden. Hierbei wird sein gesamtes Privatvermögen herangezogen.

Sollten sich die Geschäftsführer allerdings missbräuchlich im Wirtschaftsverkehr bewegen, ganz gleich ob in Deutschland, Österreich oder England, haften diese dafür persönlich. Dies ist vergleichbar mit einer GmbH oder AG (Straftatbestände sind z.B. Insolvenzbetrug oder Eingehungsbetrug).

Im so genannten „Hamburger Urteil" (AG Hamburg 67g IN 358/02) wurde der Geschäftsführer einer Limited in einem Missbrauchsfall persönlich haftbar gemacht.[61] (vgl. Kapitel 2.5)

Unabhängig von der Rechtsform – also auch bei einer GmbH oder AG – wäre in jedem Fall der verantwortliche Geschäftsführer haftbar gemacht worden.

Die Durchgriffshaftung gegenüber dem Geschäftsführer ist möglich, wenn z.B. Geschäftsführer in betrügerischer Absicht gehandelt haben (fraudulent trading) und das Unternehmen Geschäfte in der Absicht der Gläubigerbenachteiligung unternimmt. Hier kann sich die persönliche Haftung sogar auf alle Personen erstrecken, die wissentlich an diesem Geschäft beteiligt sind.

Die persönliche Haftung kommt auch zum Tragen, wenn ein Geschäftsführer Waren oder Dienstleistungen erwirbt und zum Zeitpunkt der Bestellung bereits die Aussichten gering waren, die Rechnung dafür begleichen zu können. Dieses ist vergleichbar mit dem strafrechtlichen Begriff des „Eingehungsbetruges".

„Eine Limited eignet sich genauso wie andere Gesellschaftsformen nicht dazu, sich rechtsmissbräuchlich im Handelsverkehr zu verhalten."

2. Gründungs-/Grundkapital

Zur Gründung bzw. Führung der Limited reicht ein Grundkapital in Höhe von £ 1 (€ 1,50) aus. Zum Vergleich: bei der deutschen GmbH benötigt man € 25.000 (Österreich € 35.000) Eine spätere Erhöhung des Grundkapitals ist jederzeit ohne bürokratischen Aufwand möglich – und bedarf nicht, wie bei der GmbH der notariellen Beurkundung.

Dabei muss das Grundkapital nicht einbezahlt und wie bei der GmbH nachgewiesen werden. Es reicht aus, wenn der Gesellschafter dafür persönlich haftet.

Möglich ist auch eine Sachgründung oder Kapitalerhöhung durch Sacheinlage. Eine solche ist ungleich einfacher als z.B. bei einer deutschen GmbH.

Ein klassischer Sachgründungsbericht, evtl. sogar noch von einem Wirtschaftsprüfer testiert, ist nicht erforderlich. Der Gesellschafter teilt dem Geschäftsführer nur mit, was er im Wege der Sachgründung beabsichtigt einzulegen und welchen Wert die Sache hat. Der Wert wird sodann von dem Geschäftsführer überprüft, der danach ein kurzes

[61] „Limited"-Gesellschafter haften voll, Handelsblatt, 11.06.2003.

Protokoll anfertigt. Die Sachgründung als solches wird dem Companies House bei der Gründung lediglich mitgeteilt. Eingetragen als Haftungskapital wird der Wert des Gegenstandes. Das es sich um eine Sachgründung gehandelt hat, taucht nicht mehr auf.

Daneben können, wie echte Sacheinlagen auch Dienstleistungen wie Sacheinlagen eingebracht und bewertet werden.

3. Alle Möglichkeiten bei der Wahl des Firmennamens

Bis auf wenige Ausnahmen gibt es keine Beschränkung bei der Namenswahl. D.h. es werden auch deutsche Namen eingetragen, z.B. ABC Unternehmensberatung Limited. Einschränkungen gibt es, wenn der Name schon einmal vergeben wurde. In diesem Fall wird der Name nicht ein zweites Mal eingetragen. Etwa 31 Funktionsbezeichnungen bei der Namenswahl bedürfen der Zustimmung, wie z.B. Insurance (Versicherung), oder Post Office des Secretary of State (vergleichbar dem Handelsregister). Gleiches gilt für Namen, die in irgendeiner Weise einen Bezug zur englischen Krone haben (King, Royal u.s.w.). Eine Liste dieser Worte lässt sich auf der Internetseite des Companies House[62] finden.

In Europa tritt das in England gegründete Unternehmen einheitlich mit dem gewählten Firmennamen auf (inkl. der Bezeichnung Limited, Ltd. oder LTD); z.B. ABC Consulting Limited, ABC Consulting Ltd. oder Consulting LTD. Für die Zweigniederlassung in Deutschland muss ein Niederlassungszusatz nicht gewählt werden.[63]

4. Auslagern von Betriebsrisiken – Bildung einer Holdingstruktur

Große Unternehmen lagern regelmäßig Betriebsrisiken in neue Gesellschaften aus.

Das Vermögen des Unternehmers kann vor dem Zugriff von Gläubigern geschützt werden. Durch Gestaltungsvarianten lassen sich aber auch bei der Unternehmensnachfolge Steuerfreibeträge nutzen.

Die Vorteile der Betriebsaufspaltung sind im Wesentlichen:

- Haftungsbeschränkung und dadurch Risikominimierung
- Vorweggenommene Erbfolge und Vermögensübertragung
- Überschaubare und spartenorientierte Unternehmensstruktur

Steuerliche Vorteile bei der Kombination unterschiedlicher Rechtsformen (Limited und Personengesellschaft) und der „Verlagerung“ von Gewinnen in die Rechtsform mit niedrigeren Steuersätzen sind ebenfalls möglich.

Den Vorteilen stehen ein höherer Verwaltungsaufwand und Steuerberatungskosten gegenüber. Dennoch sind diese Aufwendungen im Vergleich zu den wirtschaftlichen Risiken gering.

Mit der Limited haben mittlerweile auch kleine und mittlere Unternehmen die Möglichkeit, z.B. für risikoreiche Geschäftsfelder eigene Gesellschaften zu gründen. Dies ist u.a. sinnvoll, wenn der Unternehmer z.B. Schadensersatzforderungen befürchtet. Sollte das „Unternehmen A“ tatsächlich „angeklagt“ sein, hat dieses i.d.R. keine Auswirkungen auf die weiteren „Unternehmen B und C“.

Sinnvoll ist die Auslagerung von Gesellschaften für Unternehmen, die in einem Geschäftsbereich hohe Forderungen haben. Sollten diese ausfallen, beeinflusst dieses nicht die anderen Geschäftsbereiche. Im Falle einer Insolvenz sind somit die übrigen Geschäftsbereiche geschützt.

---

[62] www.companieshouse.gov.uk

[63] Heinz, Die englische Limited, 2. Aufl. 2006, § 18 Rdnr 41 ff.

Unternehmen nutzen weitere Gesellschaften auch zum Test eines neuen oder zur Erweiterung eines bestehenden Geschäftsbereiches, um dabei nicht mit dem bisherigen Firmennamen aufzutreten. Ein Ziel kann dabei z.B. sein, mit unterschiedlichen Firmen auch unterschiedliche Preisstrategien zu verfolgen.

Die einfache Gründung einer Holdingstruktur (auch mit dem Halten der evtl. bisherigen Gesellschaftsanteile einer GmbH) ist ebenso möglich. Bei der Gründung der Limited wird dann die bisherige GmbH als Gesellschafter ganz oder teilweise eingesetzt.

5. Jederzeit Hinzunahme von Aktionären oder Kapitalerhöhung

Die Übertragung oder der Verkauf von Gesellschaftsanteilen (shares) ist jederzeit ohne Restriktionen möglich (zu vergleichen wie bei einer AG). Die kostspielige und bürokratische Übertragung von Gesellschaftsanteilen bei einer GmbH – mit notarieller Beurkundung – an neu einzutretende Gesellschafter entfällt. Es wird einfach ein sog. Stocktransfer Form ausgefüllt, also ein Formular, mit welchem die Anteile übertragen werden. Für die Übertragung sind sodann mindestens 5 GBP oder 0,5% des Kaufpreises an das englische Finanzamt (inland revenue) zu zahlen. Es handelt sich hier um eine Stempelsteuer (stamp duty). Gelangt das Form sodann, mit dem Stempel des englischen Finanzamtes versehen, zurück und wird die Anteilsübertragung in das Register der Gesellschafter am Registered Office eingetragen, ist die Übertragung der Anteile vollzogen. Ein Vorgang, der bei den meisten Anbietern in der Regel nicht mehr als 100 Euro kostet.

Eine Kapitalerhöhung wird durch einen Gesellschafterbeschluss festgelegt. Es ist auch nicht notwendig, wie beispielsweise bei einer AG oder GmbH, dieses kostenpflichtig im deutschen Bundesanzeiger oder der örtlichen Tagespresse bekannt zu machen und von einem Notar beglaubigen zu lassen.

6. Firmenfreundliches Gesellschaftsrecht

Der bürokratische Aufwand für die Eröffnung und insbesondere auch das Führen der englischen Limited ist sehr gering. Änderungen bei den Geschäftsführern (Directoren) oder Geschäftssitzänderungen werden per Brief bekannt gegeben. Ein Notar wird hiefür nicht benötigt. Dem englischen Handelsregister wird auch hier wieder ein einfaches Form[64] nebst dem dazugehörigen Gesellschafterbeschluss überreicht. Für die deutsche Limited und die Hinzunahme von neuen Geschäftsführern in Deutschland gelten die Rechte und Pflichten einer GmbH, d.h. der neue Geschäftsführer ist in öffentlich beglaubigter Form beim Handelsregister anzumelden.

7. Einfaches Auflösen der Gesellschaft

Das Abwickeln der Gesellschaft ist sehr einfach und kostet £ 10 (€ 15). Diese Gebühr ist gegenüber dem englischen Handelsregister zu entrichten. Gelöscht wird die Limited mit dem Form 652 a. Mit diesem wird versichert, dass die Gesellschaft in den letzten drei Monaten keine Geschäfte getätigt hat und alle Verbindlichkeiten beglichen sind. Sodann wird die Löschungs bzw. der Löschungsantrag – für die genannten Kosten – dreimal in der London Gazette (vergleichbar mit dem Bundesanzeiger) veröffentlicht[65] und die Gesellschaft wird dann nach Ablauf von ca. 6–9 Monaten aus dem Register gestrichen.

Mit der Löschung in England ist selbstverständlich auch für die in Deutschland handelnden die Haftungsbeschränkung aufgehoben; auch dann, wenn die Limited (fälschlicherweise) noch im deutschen Handelsregister eingetragen ist.

---

64 Form 288 b.

65 Durch Übertragung auf Micro-Fiche, die in öffentlichen Bibliotheken und dem Companies House eingesehen werden können.

8. Pensionszusagen – Vorteil Limited gegenüber dem Einzelunternehmer

Der Geschäftsführer einer Limited kann seine Aufwendungen für die Altersvorsorge als Betriebsausgabe absetzen. Der Inhaber einer Einzelfirma hingegen muss diese Kosten von seinen versteuerten Einnahmen bezahlen.

Mit einer Limited ist man u.a. auch bei der Altersvorsorge steuerlich günstiger als der Einzelunternehmer gestellt. Steuerberater Christian Hellmut, Berlin: „Die Kapitalgesellschaft verbindet optimal die Möglichkeit der Steuerersparnis mit der Altersversorgung der Gesellschafter-Geschäftsführer auf der Grundlage einer Pensionszusage.“[66]

Beispiel:

Ein Einzelunternehmer hat eine Steuerbelastung von bis zu 45%. Die Steuerbelastung einer Limited inkl. Gewerbesteuer beträgt durchschnittlich 38%. „Nutzt der Unternehmer die Möglichkeit 12.000 Euro für die Altersvorsorge als Betriebsausgabe abzusetzen, ergibt sich bei einem Gewinn von Euro 100.000 ein Steuervorteil von ca. Euro 9.500 auf Seiten der Limited.“

Dem steuerlichen Vorteil können je nach Ausgestaltung der Pensionszusagen Hindernisse bei einer geplanten Veräußerung entgegen treten.

9. Handwerkerpflichtversicherung

Pflichtversicherte Handwerker wie Handwerksmeister, Friseure, etc. sind mit der Limited von der Sozialversicherungspflicht befreit. (Deutschland)

Die Handwerker nehmen in der deutschen Rentenversicherung eine Sonderstellung ein. Denn ein Handwerksmeister, der in die Handwerksrolle eingetragen worden ist und selbständig arbeitet, ist ab dem Zeitpunkt der Eintragung rentenpflichtversichert.[67]

Rentenpflichtversicherung vs. Kapitallebensversicherung

Diese Versicherungspflicht beginnt ab dem Zeitpunkt der Eintragung in die Handwerksrolle für einen Zeitraum von insgesamt 216 Monaten[68] bzw. 18 Jahren.[69]

Nach diesem Zeitraum kann der Handwerker auf Antrag aus der Rentenversicherung austreten oder weiterhin freiwillig versichert bleiben.[70]

Der Regelbeitrag zur Pflichtversicherung liegt bei 464,10 Euro p.M. Dieser ist grundsätzlich unabhängig von der Höhe des erzielten Einkommens zu zahlen.[71]

Wie die folgende theoretische Gegenüberstellung der Ablaufleistungen zwischen der gesetzlichen Rentenpflichtversicherung (LVA) und einer herkömmlichen Kapitallebensversicherung zeigt, schneidet die Rentenpflichtversicherung in diesem Fall wesentlich schlechter ab:[72]

---

[66] Christian Hellmuth, Steuerberater AVIS Steuerberatungs GmbH, Berlin im persönlichen Gespräch.

[67] Vgl. o.V. (2003a), Seite 7 f.

[68] Es ist darauf hinzuweisen, dass die Zeit vor erfolgreicher Absolvierung der Meisterschule (z.B. Gesellenjahre) auf die Zeit der Pflichtversicherung angerechnet werden kann. Vgl. telefonisches Interview, 17.12.2003.

[69] Vgl. o.V. (2003a), Seite 13.

[70] Vgl. o.V. (2003a), Seite 13.

[71] Harry Keinath, Finanzberater, Keinath GmbH (www.keinath-gmbh.de) diverse Gespräche im August 2003.

[72] Vgl. o.V. (2003c), Seite 17 ff; telefonisches Interview, 22.01.2004, LVA.

Fallbeispiel:

Name:	Max Muster
Geburtsdatum:	01.01.1979 (25 Jahre alt)
Rentenbeginn:	65 Jahre
Rentenbeitrag p.M.:	464,10 Euro
Einzahlungsdauer:	18 Jahre

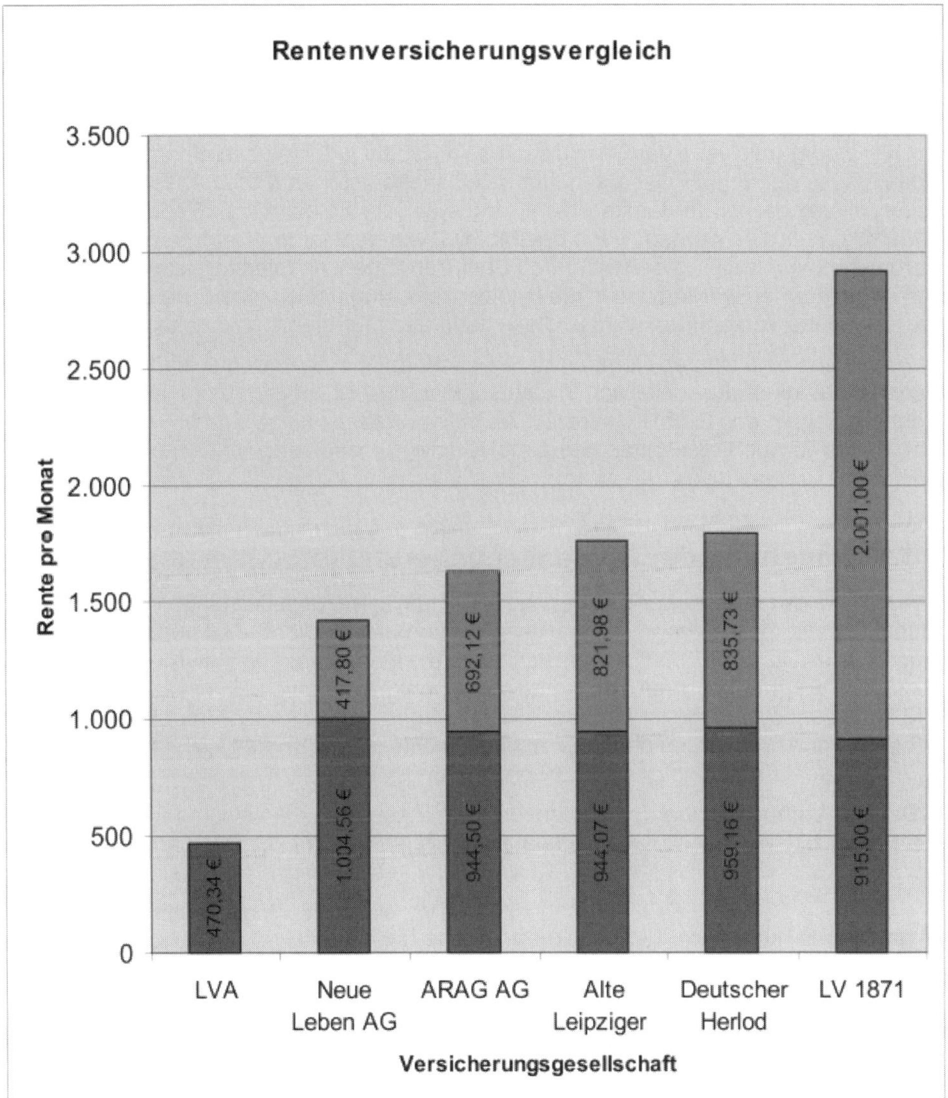

Abbildung 2: Rentenversicherungsvergleich. Der Auszug der Anbieter erfolgte zufällig. Eigene Darstellung.[73]

[73] Um ein Höchstmaß an Vergleichbarkeit zu erzielen, wurden bei der LVA nur absolut garantierte Beträge erfasst. Die Rentenbeträge der LVA wurden in der Vergangenheit zwar regelmäßig er-

Dieses Fallbeispiel zeigt die Diskrepanzen der zukünftigen Rentenerwartung zwischen der Rentenpflichtversicherung und den privaten Rentenanbietern. Die Ergebnisse bei den privaten Anbietern sind zweigeteilt. Die dunklen Bereiche stellen die garantierte Rente ab dem 65. Lebensjahr dar. Die darüber hinaus gehenden Beträge sind kalkulierte Überschussanteile, für die jedoch von Seiten der privaten Anbieter keine Garantie übernommen wird.[74]

10. Vorteile bei der Gesellschafterfinanzierung

Bei der Finanzierung einer Ltd. durch Gesellschafter-Darlehen gelten die sich aus dem deutschen GmbH-Gesetz ergebenden Regeln des Eigenkapitalersatzes (§ 32a GmbHG) nicht. Das heißt, der Gesellschafter einer Ltd., der seine Gesellschaft über Gesellschafter Darlehen finanziert hat, kann (anders als der Gesellschafter einer GmbH) auch in der Krise oder Insolvenz der Gesellschaft sein Kapital jederzeit zurückfordern.[75] Bei der GmbH muss der GmbH-Gesellschafter das Darlehen stehen lassen. Diese Regelungen gelten allerdings bei der Limited nicht, da es keine vergleichbaren Regelungen gibt.[76] Anders könnte dies werden, wenn das MoMiG, wie geplant in Kraft tritt. Nach dem Regierungsentwurf sollen die Vorschriften über den Eigenkapitalersatz aus dem GmbHG herausgenommen werden und in die Insolvenzordnung übernommen werden. Als insolvenzrechtliche Vorschriften würden diese dann auch für die Limited gelten.

Auch wenn eine Limited Company ihre Geschäftsführung in Deutschland hat und ihre Geschäftstätigkeit ausschließlich in Deutschland ausübt, gelten für sie in diesem Falle nicht die Regeln des GmbH-Gesetzes. Denn, eine Ltd. ist keine GmbH.[77] Dies gilt allerdings nicht für die Vorschriften des GmbHG, die als insolvenzrechtlich zu qualifizieren sind.

4.4.1 Umgehung der Rentenversicherungspflicht in der Praxis

Aufgrund der erheblichen Diskrepanz zwischen den Ablaufleistungen stellt sich für viele Handwerker die Frage, ob die Versicherungspflicht nicht legal von Beginn an zu umgehen ist. Dieser Problematik hat sich auch die Firma Exakt Limited mit Sitz in Kassel gestellt. Die Firma hat ihren Tätigkeitsschwerpunkt im Bereich Hausbau, Sanierungen und Innenausbauten und ihr Gründer – Herr Lüttger – ist gelernter Maurermeister. Nach erfolgreicher Absolvierung der Meisterschule stellte sich auch für Herrn Lüttger die Frage nach einer Umgehung der Rentenversicherungspflicht.[78]

Da eine Voraussetzung der Rentenversicherungspflicht die selbständige Arbeit darstellt, sind beispielsweise Geschäftsführer einer AG, KGaA, GmbH und einer Private

höht, dieser Faktor wurde aber auf Anraten der LVA mit der Begründung nicht berücksichtigt, dass die Rentenkassen allgemein leer seien und die Einrechnung von Steigerungsraten zu einem „unseriösen“ Ergebnis führen würden. Des Weiteren führte die LVA aus die sich negativ auswirkende demographische Entwicklung in Deutschland als zusätzliches Argument an. Vgl. telefonisches Interview, 22.01.2004, LVA; Weitere Quellen, die diese Aussagen unterstreichen, sind: Schwenn, K. (2004), Seite 11; http://www.tagesschau.de/thema/0,1186,OID2014728_NAVSPM1_REF,00.html; Stand: 17.11.2003.

74 Alle Berechnungen dieses Fallbeispiels wurden gemeinsam mit den Kalkulationsprogrammen der Firma: Fleskes & Cie, Nassauer Allee 26,47533 Kleve erstellt.

75 Die Information für den GmbH-Geschäftsführer, 13.05.2004.

76 Diplom-Kaufmann Joachim Kuchenmeister, langjähriger und erfahrener Insolvenzverwalter aus Frankfurt am Main, beim „Unternehmer-Seminar“ Go Ahead Limited am 8. Mai 2004 in Stuttgart.

77 Die Information für den GmbH-Geschäftsführer, 13.05.2004.

78 Vgl. telefonisches Interview, 17.12.2003, Exakt Limited mit Herrn Lüttger.

Limited Company aufgrund ihrer nicht selbständigen Beschäftigung bei der Gesellschaft nicht mehr pflichtversichert.[79]

Diesen Umstand machte sich Herr Lüttger zunutze, indem er eine Private Limited Company gründete. Durch diese Gründung und die Eintragung der Gesellschaft in das deutsche Handelsregister endete auch seine Rentenpflichtversicherung.[80] Nach Aussage von Herrn Lüttger stellt dies den für ihn günstigsten Weg dar, da sich die gesamten Gründungskosten der Private Limited Company auf wenige hundert Euro beschränkten. Dies schloss die Mindestkapitalerbringung in Höhe von einem britischen Pfund ein.

Genau wie vielen anderen Handwerkern wäre Herrn Lüttger eine deutsche GmbH mit wesentlich höheren Gründungskosten und einem Stammkapital von 25.000,00 Euro zu kapitalintensiv gewesen.[81]

4.5 Besteuerung der Limited

Die Limited mit dem Sitz der Geschäftsleitung im Inland wird wie die GmbH, die Limited & Co. KG wie die GmbH & Co. KG behandelt. Die Limited ist damit (wie die GmbH) unbeschränkt steuerpflichtig (§ 1 Abs 1 Nr 5, § 3 Abs 1 KStG; A 2 (1) KStR). Es gelten damit die gleichen Steuersätze wie beim Pendant GmbH.

Der satzungsmäßige Sitz einer Limited, der nach der Gründung in England verbleibt, bildet keinen steuerlichen Anknüpfungspunkt. Maßgeblich ist i.d.R. von wo aus das Unternehmen geleitet wird.

Bei der Umsatzsteuer gelten die gleichen Steuersätze und Bemessungsgrundlagen wie bei der GmbH.

Der Limitedinhaber ist auch bei der Lohnsteuer und den Sozialabgaben der GmbH gleichgestellt, es gelten dieselben Beiträge. Beherrschende geschäftsführende Gesellschafter sind wie bei der GmbH i.d.R. nicht sozialversicherungspflichtig.

Aufgrund der Tatsache, dass es sich nach Änderung der Rechtsprechung durch den EuGH bei einer Private Limited Company um eine juristische Person handelt, stellt sich die Frage, ob diese als solche dem deutschen Steuerrecht und damit der Körperschaftsteuer unterliegt.

Dabei wird innerhalb der Körperschaftsteuer zwischen beschränkter[82] und unbeschränkter[83] Steuerpflicht differenziert. Eine Bejahung der beschränkten Steuerpflicht würde dazu führen, dass als Bemessungsgrundlage nur die Einkünfte mit eindeutigem Inlandsbezug genutzt werden würden. Bei einer unbeschränkten Steuerpflicht würde sich die Bemessungsgrundlage auf das Welteinkommen der Private Limited Company erstrecken.

Der entscheidende Faktor für die unbeschränkte Steuerpflicht basiert auf der Abgabenordnung. Denn gemäß § 10 AO ist der „Ort der geschäftlichen Oberleitung", an dem der Wille der Private Limited Company laufend gebildet wird, maßgeblich. Dieser ist i.V.m. § 1 KStG zu betrachten.

79 Vgl. o.V. (2003a), Seite 8.
80 Vgl. telefonisches Interview, 17.12.2003, Exakt Limited mit Herrn Lüttger.
81 http://www.buy24hours.de/euro-gmbh/euro-gmbh.html, Stand: 01.01.2004.
82 Vgl. § 2 KStG i.V.m. § 49 EStG.
83 Vgl. § 1 KStG.

Liegt nun der Verwaltungssitz der Gesellschaft in Deutschland und erfüllt sie ein Attribut des § 1 Abs 1 Nr 1–6 KStG, so ist von einer unbeschränkten Steuerpflicht für eine Private Limited Company mit Verwaltungssitz in Deutschland auszugehen.[84]

Bis in das Frühjahr 2006 waren für die Limited in Deutschland noch zwei Finanzämter zuständig. Für die Umsatzsteuer zuständig war, zentral für alle in Deutschland tätigen Limiteds, das Finanzamt Hannover Nord zuständig. Körperschaftsteuerfinanzamt war und ist das örtliche Finanzamt. Seit Anfang 2006 hat die Finanzverwaltung der steuerpflichtigen Limited die Möglichkeit eingeräumt zwischen dem Finanzamt Hannover Nord und dem örtlichen Finanzamt als Umsatzsteuerfinanzamt zu wählen.

4.5.1 Doppelbesteuerung

Gemäß dem Finance Act von 1998 ist die Private Limited Company auch in Großbritannien unbeschränkt steuerpflichtig, da der britische Gesetzgeber hierfür nur den Gründungsort der Gesellschaft als Kriterium ansetzt.[85]

Würde eine solche Doppelbesteuerung nicht beschränkt sein, so wäre die Gründung einer Private Limited Company nutzlos. Als Grundlage für die Einschränkung einer Doppelbesteuerung ist das OECD-Musterabkommen zu nennen.

Wird eine juristische Person in zwei Staaten als ansässig betrachtet und kommt es deshalb zu einer Doppelbesteuerung, tritt der Art 4 III OECD-Musterabkommen in Kraft. Dieser regelt über die so genannte Tie-Breaker Regelung,[86] dass die Gesellschaft dort ansässig ist, wo die Geschäftsleitung ihre Entscheidungen trifft.[87]

Im britischen Recht wurde diese Regelung im Sec. 248 Income Tax Act von 1988 umgesetzt. Daraus folgt zwangsläufig, dass bei Wegzug einer Private Limited Company aus Großbritannien nach Deutschland eine Liquidationsbesteuerung zum Tragen kommt und alle stillen Reserven aufzudecken sind.[88] Für einen Unternehmer, der seine Geschäfte ausschließlich in Deutschland tätigt und den Verwaltungssitz direkt nach der Gründung der Private Limited Company nach Deutschland verlegt, ist die britische Liquidationssteuer unerheblich und wird aus diesem Grund hier nicht weiter betrachtet. Dies liegt daran, dass die Gesellschaft z.B. noch keine stillen Reserven bilden konnte, die von der Liquidationssteuer betroffen wären.

Grundsätzlich hat eine ausländische Kapitalgesellschaft mit Verwaltungssitz in Deutschland ihre Steuern ausschließlich in Deutschland unter Anwendung der deutschen Steuersätze zu entrichten, solange Deutschland der Ort ist, an dem die wesentlichen Unternehmensentscheidungen getroffen werden.[89]

Fazit:

Die Limited ist der GmbH gleichgestellt. Die Limited kann nicht von Steuervorteilen aufgrund niedriger Steuersätze in England profitieren, wenn Sie im Inland geführt wird.

---

84 Vgl. *Birk*, Seite 473/*Dautzenberg*, Seite 331 f/*Sedemund*, Seite 1363.
85 Vgl. Finance Act, Seite 66 (1) und (4).
86 Die Regelung findet sich auch in Art II Abs 1 (h) des DBA Deutschland-Großbritannien wieder.
87 Vgl. *Debatin/Wassermeyer*, (2002), Art II, Rn 72.
88 Vgl. Taxation of Capital Gains Act 1992, Seite 185.
89 Vgl. *Rübartsch*, Seite 65.

4.6 Struktur der Limited-Gründer

Eine Studie von 1.000 Gründerinnen und Gründern bestätigt den Trend der ersten Untersuchung aus dem Jahr 2003: Limiteds werden in allen Branchen gegründet. Unternehmen von A wie Agentur bis Z wie Zahnlabor sind vertreten.

Handelsunternehmen führen die Statistik mit 22% an (+1% gegenüber 2003). Die Zahlen zeigen, dass 2004 insbesondere die beiden Sparten Dienstleistungsgewerbe mit 15% (+5%) und die Baubranche/Handwerker mit 13% (+7%) die Limited neu für sich entdeckt haben. Ungebrochenes Interesse an der Limited haben auch die Unternehmer aus den Branchen Unternehmensberatung und Telekommunikation/IT. Es folgen Finanzen/Immobilien mit 7% und Firmen aus den Bereichen Medien und Marketing mit 6% der Limited-Gründungen.

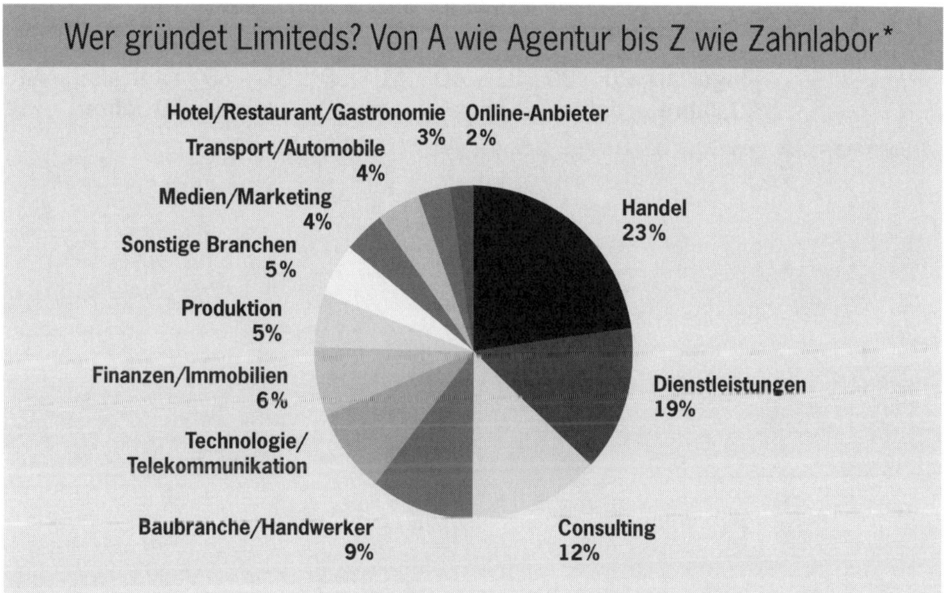

Abbildung 3: Branchenstruktur der Limited-Gründer (Auswertung Go Ahead)

Besonders bemerkenswert ist die Altersstruktur der Limited-Unternehmer. Der Anteil der jungen Gründer von 20 bis 30 Jahren liegt nur bei 15%. Erfahrene Unternehmer im Alter von 31 bis 50 Jahren sind mit 64% überdurchschnittlich vertreten.

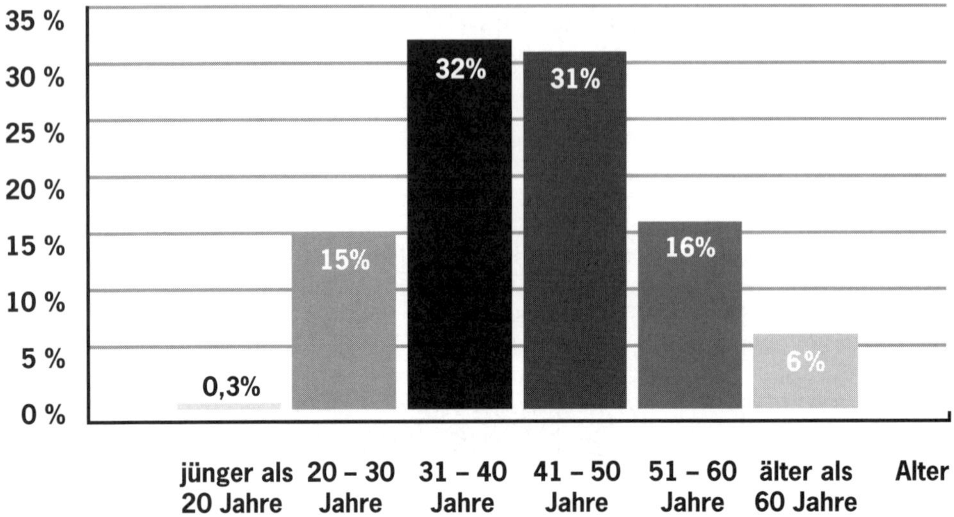

Abbildung 4: Altersstruktur der Limited-Gründer (Auswertung Go Ahead)

5. Die Limited im Einsatz in Deutschland und Österreich

5.1 Die Gründung der LTD

Im Gegensatz zu Existenzgründern stellt sich bei Unternehmen die Frage, ob das existierende Geschäft in eine LTD eingebracht wird, oder nebenher weiterbesteht.

5.1.1 Rechtsformwechsel von Einzelunternehmen und Personengesellschaften im Rahmen der Einbringung

Unterschied Einbringung des Einzelunternehmens in eine GmbH oder Limited?

Es sei darauf hingewiesen, dass sich die Einbringung in eine Limited von der Einbringung in eine GmbH nicht unterscheidet.

Der Rechtsformwechsel kann mit der Einbringung eines Betriebes in eine unbeschränkt steuerpflichtige Kapitalgesellschaft gegen die Gewährung von Gesellschaftsanteilen erfolgen. Das Umwandlungssteuergesetz (UmwStG) enthält in seinen §§ 20–22 Regelungen zur steuerlichen Behandlung der Einbringung eines Betriebes in eine unbeschränkt steuerpflichtige Kapitalgesellschaft, die bereits besteht bzw. zu diesem Zweck neu gegründet wird. Ausländische Kapitalgesellschaften (Ltd.), die unter Beibehaltung ihres Satzungssitzes ihre Geschäftsleitung ins Inland verlegt haben, sind unbeschränkt steuerpflichtig und können daher als aufnehmende Gesellschaft fungieren. Als Gegenleistung für die Einbringung erhält der Einbringende neue Anteile an dieser Kapitalgesellschaft. Die Gegenleistung muss nicht ausschließlich in der Gewährung von neuen Anteilen liegen. Es können z.B. auch Steuerschulden des Einbringenden übernommen bzw. ein Darlehen gewährt werden. Die Summe der Gegenleistungen muss zumindest dem Wert des Betriebsvermögens entsprechen. Rechtstechnisch ist die formwechselnde Umwandlung im sog. Umwandlungsgesetz (UmwG) geregelt.

Welche Einzelunternehmer bzw. Personengesellschaften können diese steuerliche Umwandlung vollziehen?

Ausschließlich solche, die mit ihren Betrieben im jeweiligen Handelsregister eingetragen sind. Nur eingetragene Kaufleute und Personengesellschaften stellen umwandlungsfähige Unternehmen dar. Diese Eintragung ist also zwingend vorgeschrieben. Sie hat nur deklaratorische Wirkung und wird mit der Einbringung des Betriebsvermögens in die Kapitalgesellschaft gelöscht.

Was kann nach dem UmwStG Gegenstand einer Einbringung sein?

Ausschließlich Betriebe, Teilbetriebe, Mitunternehmeranteile bzw. Mehrheitsbeteiligungen dürfen Gegenstand der Einbringung sein – Einzelwirtschaftsgüter, die keine wesentliche Betriebsgrundlage des Betriebes oder Teilbetriebes darstellen, nicht.

Was erhält der Einbringende für die Einbringung als Gegenleistung?

Unabdingbare Voraussetzung für die steuerneutrale Einbringung eines Betriebes nach dem UmwStG ist die Gewährung neuer Anteile. Die neuen Anteile müssen anlässlich der Gründung bzw. anlässlich einer Kapitalerhöhung entstehen. Das UmwStG erhebt allerdings keine Mindestanforderung an die Höhe der gewährten Gesellschaftsanteile, d.h. die gewährten Anteile müssen nicht dem Wert des eingebrachten Betriebsvermögens entsprechen. Daneben können auch andere Leistungen dem Einbringenden gewährt werden (Gegenleistung in Geld, in Sachwerten, gegen Barzahlung, Einräumung einer Forderung, Darlehen, Übernahme von Steuerschulden).

Welche Arten der Einbringung sind möglich?

Man unterscheidet hier zwischen der Bewertung des Betriebsvermögens zu Buchwerten, zu Zwischenwerten und zu Teilwerten.

Der Buchwert ist der Wert, mit dem das eingebrachte Betriebsvermögen im Zeitpunkt der Sacheinlage nach steuerrechtlichen Vorschriften über die Gewinnermittlung anzusetzen ist. Die Ltd. als aufnehmende Kapitalgesellschaft deckt keine stillen Reserven auf und tritt bei der Einbringung zu Buchwerten in die Rechtsposition des Einbringenden bezüglich der AfA, erhöhten AfA und Sonder-AfA sowie der übrigen im UmwStG genannten Besteuerungsmerkmale ein. Die Kapitalgesellschaft ist damit an die bisherigen Abschreibungsbemessungsgrundlagen der Wirtschaftsgüter der bisherigen AfA-Methode und der angenommenen Nutzungsdauer des Einbringenden gebunden. Für einen verbleibenden Verlustabzug des Einbringenden tritt die Kapitalgesellschaft jedoch nicht in die Rechtsstellung ein. Etwaige gebildete steuerfreie Rücklagen und anzurechnende Besitzzeiten können beim Buchwertansatz von der Kapitalgesellschaft fortgeführt werden.

Bei der Einbringung zu Zwischenwerten wird das eingebrachte Betriebsvermögen mit einem über dem Buchwert, aber unter dem Teilwert liegenden Wert angesetzt. Der den Buchwert übersteigende Wert stellt die aufzudeckenden stillen Reserven dar. Dieser Wert muss auf alle Wirtschaftsgüter (Anlagevermögen, Umlaufvermögen und Schulden) im gleichen Verhältnis (prozentual) aufgeteilt werden. Eine Besitzzeitanrechnung greift bei der Einbringung zu Zwischenwerten nicht, da dieses Privileg ausschließlich für die Einbringung zu Buchwerten gewährt wird. Die aufnehmende Kapitalgesellschaft tritt nach dem UmwStG hinsichtlich der AfA grundsätzlich in die Rechtsposition des einbringenden ein. Allerdings ist eine neue Bemessungsgrundlage zu bestimmen. Der bisher geltende Prozentsatz der Abschreibung bleibt weiterhin anzuwenden.

Beim Teilwertansatz durch die übernehmende Kapitalgesellschaft sind alle stillen Reserven aufzudecken. Hierzu zählen auch steuerfreie Rücklagen einschließlich des Geschäfts- bzw. Firmenwertes. Der Saldo der Teilwerte der aktiven und passiven Wirtschaftsgüter bildet den Teilwert des Betriebsvermögens. Wie beim Zwischenwert tritt die übernehmende Kapitalgesellschaft hinsichtlich der AfA grundsätzlich in die Rechtsposition des Einbringenden ein. Allerdings ist auch hier eine neue Bemessungsgrundlage für die Absetzung für Abnutzung zu bestimmen. Die Kapitalgesellschaft muss den Abschreibungszeitraum für die aufgestockten Wirtschaftsgüter anhand der Restnutzungsdauer ermitteln.

Was passiert beim Einbringenden durch die drei möglichen Bewertungsansätze?

Beim Buchwertansatz passiert gar nichts. Dadurch, dass keine stillen Reserven aufgedeckt werden und die Kapitalgesellschaft voll in die Rechtsposition des Einbringenden eintritt, hat der Einbringende keinen so genannten Veräußerungsgewinn bzw. Einbringungsgewinn erzielt. Man kann vereinfacht sagen, die Umwandlung nach dem UmwStG zu Buchwerten erfolgt „steuerneutral". Da die Einbringung zu Buchwerten gegen die Gewährung von neuen Gesellschaftsanteilen erfolgt, spricht man von einbringungsgeborenen Anteilen. Bei der Veräußerung dieser Anteile ist § 3 Nr 40 Satz 2 EStG zu beachten.

Bei Ansatz des Zwischenwertes muss der Einbringende die aufgedeckten stillen Reserven abzüglich des anteiligen Betriebsvermögens als sonstige Einkünfte im Rahmen des Einkommensteuergesetzes versteuern. Etwaige Freibeträge bzw. Steuerermäßigungen kommen beim Ansatz des Zwischenwertes nicht in Betracht. Beim Ansatz des Teilwertes, d.h. Aufdeckung aller stillen Reserven erzielt der Einbringende in Höhe der aufgedeckten stillen Reserven, abzüglich des Buchwertes des Betriebsvermögens einen steuerpflichtigen Veräußerungsgewinn. Unter bestimmten Voraussetzungen (Lebensalter etc.) können Freibeträge nach dem Einkommensteuergesetz gewährt werden. Diese Freibeträge mindern den steuerpflichtigen Veräußerungsgewinn. Die einkommensteuerliche Tarifermäßigung im Rahmen des § 34 EStG steht dem Einbringenden in jedem Fall zu.

Welche Möglichkeiten bieten sich der Einbringung, um eine Steueroptimierung vornehmen zu können?

Der Gewinn einer Personengesellschaft bzw. eines Einzelunternehmers wird im Rahmen der privaten Einkommensteuererklärung des Unternehmers bzw. der Gesellschafter nach Abzug der Gewerbesteuer versteuert. Gemäß den jeweiligen Verhältnissen wird hier durch das Finanzamt der persönliche Steuersatz jedes Einzelnen ermittelt.

Was ist anders bei einer Ltd.?

Die Ltd. wird in Deutschland wie eine Gesellschaft mit beschränkter Haftung behandelt, welche einen Höchststeuersatz von 25% Körperschaftsteuer zahlen muss (Ab 2008 15%). Hinzu kommen 5,5% Solidaritätszuschlag, den allerdings auch jeder einzelne Steuerpflichtige zu bezahlen hat.

Welche Nachteile hat die Ltd. gegenüber den Personengesellschaften und Einzelunternehmern?

Die Ltd. hat bei der Gewerbesteuer keinen Freibetrag in Höhe von 24.500 € und bei der Berechnung des Gewerbesteuermessbetrags wird keine Staffelung angesetzt. Wie kann die Ltd. hier gegensteuern? In einer Ltd. sind die zu zahlenden Geschäftsführergehälter abzugsfähig. Betragen die Geschäftsführergehälter über 24.500 €, wird ein Ausgleich geschaffen zum Freibetrag bei Nichtkapitalgesellschaften.

Es muss darauf hingewiesen werden, dass die Geschäftsführergehälter der Einkommensteuer unterliegen und für diese monatlich die Lohnsteuer einzubehalten und abzuführen ist.

Bei einer Gegenüberstellung der jährlichen Steuerbelastung des Einzelunternehmers, einer Personengesellschaft und einer Kapitalgesellschaft kann Folgendes festgestellt werden:

Bei einem Gewinn vor Steuern von 300.000 € und einem durchschnittlichen Gewerbesteuer-Hebesatz von 350% ergibt sich für das Einzelunternehmen eine Steuerbelastung von 47%, für die Personengesellschaft von 43,6% und bei einer Kapitalgesellschaft von 38,7%. Das Gegenüberstellen dieser Zahlen lässt den Schluss zu, dass die Ltd. am steuergünstigsten ist. Es ist hier jedoch noch zu beachten, dass beim Einzelunternehmer und auch bei der Personengesellschaft die versteuerten Gewinne sich bereits im Privatvermögen des Einzelnen befinden.

Die Steuerbelastung bei der Kapitalgesellschaft von 38,7% enthält noch keine Geschäftsführergehälter, sondern stellt reinweg die Belastung mit Körperschaft- und Gewerbesteuer dar, wenn alle Gewinne in der Ltd. bleiben. Die Steuerbelastung ab 2008 wird für Kapitalgesellschaften rund 30% betragen.

5.1.2 Weiterführung des bestehenden Unternehmens

Neben der Einbringung besteht auch die Möglichkeit, das bestehende Unternehmen neben einer Ltd. weiterzuführen. Dieses bietet sich z.B. dann an, wenn Kinder oder sonstige Familienangehörige mit in das Unternehmen einbezogen werden sollen. Als Beispiel betrachten wir einen Fuhrunternehmer. Dieser Fuhrunternehmer hat ein anlagenintensives Unternehmen mit fünf Fahrzeugen und möchte, dass sein Sohn in seine Fußstapfen tritt. Ob der Sohn die Aufgabe so bewältigt, wie der Vater es sich vorstellt, steht mit Sicherheit noch in den Sternen.

Nimmt er ihn einfach in seinen Betrieb auf und zieht sich zurück, kann Folgendes passieren: Der Sohn führt das Unternehmen in die Insolvenz, daraus folgt, dass alle Vermögensgegenstände des Unternehmens verloren gehen und eventuell auch noch auf das Vermögen des Vaters zugegriffen werden kann (in Form einer Personengesellschaft). Um dies zu vermeiden, gründet man eine Ltd. Der Sohn wird als Director eingesetzt und führt dieses Unternehmen. Der Vater führt sein altes Unternehmen weiter fort. Er vermietet die Vermögensgegenstände an die Ltd., die das operative Geschäft durchführt. Sollte nun die Ltd. in die Insolvenz gehen, hat kein Gläubiger ein Zugriffsrecht auf die Vermögensgegenstände des Vaters, da er diese an die Ltd. nur vermietet hat und er Eigentümer ist. Diese Form der möglichen Haftungsbeschränkung hat folgende Auswirkungen. Es handelt sich um keine Einbringung, daher auch kein Veräußerungsgewinn. Keine Änderung in den AfA-Volumen der Ltd. bzw. des bestehenden Unternehmens, keine Steuerbelastung. Der Nachteil ist hier, es müssen zwei Buchhaltungen und zwei Jahresabschlüsse erstellt werden.

Die gängige Praxis bei der Limited-Neugründung

In der Praxis wird bei der Vielzahl der Limitedgründungen allerdings die bisherige Einzelunternehmung weitergeführt und die laufende Verträge (z.B. Telekom, Lieferanten- und Kundenverträge) werden nach und nach umgeschrieben, um dann später die Einzelunternehmung zu löschen.

Bei bestehenden GmbHs wird oftmals die neu gegründete Limited im Rahmen einer Betriebsaufspaltung oder für neue Geschäftsfelder genutzt. Neue Verträge werden direkt auf die Limited abgeschlossen.

5.2 Erlangung der Rechtsfähigkeit

Die Limited verfügt genau wie die GmbH über eine eigene Rechtspersönlichkeit. Sie entsteht als juristische Person durch die Übergabe der Gründungsurkunde (Certificate of Incorporation),[90] die vom englischen Handelsregister (Companies House) ausgestellt wird.[91] Eine stufenweise Entstehung wie bei der GmbH in Gründung kennt das britische Recht nicht.[92] Selbst Fehler in der Gründung oder in der Satzung spielen dann keine Rolle mehr, da dem englischen Recht ebenfalls das Institut der „fehlerhaften Gesellschaft" fremd ist.[93]

90 Ein Beispielexemplar befindet sich in Anlage 1.
91 Vgl. Lutter, M. (1995), Seite 185, 190.
92 Vgl. Palmer, F.B. (1987), Seite 200.
93 Kasolowsky/Schall in Hirte/Bücker (Hrsg) Grenzüberschreitende Gesellschaften, 2. Aufl. 2006, § 4 Rdnr 12.

Für den Unternehmer bedeutet dies jedoch, dass er seine Haftungsfreistellung mit dem Eintrag in England erhält. Eine spätere Eintragung in das Handelsregister/Firmenbuch hat nur eine „deklaratorische Wirkung".

Eintragung in das Handelsregister?

In der Praxis taucht immer wieder die Frage auf, ob die selbständige Zweigniederlassung einer englischen Limited dem deutschen Handelsregister anzumelden ist. Hier wird zwar auch die Auffassung vertreten, dass Auslandsgesellschaften mit Verwaltungssitz in Deutschland nicht per se, das heißt ohne Rücksicht auf einen Mindestorganisationsgrad, der Eintragungs- und Publizitätspflicht nach §§ 13 d–13 g, 325 a HGB unterworfen sind, und dies insbesondere für z.B. reine Immobilienverwaltungsgesellschaften sowie sonstige Beteiligungs- und Akquisitionsvehikel gelte.[94] Dem kann allerdings so nicht gefolgt werden. Dagegen spricht der klare Wortlaut des § 13 d Abs 1 HGB und des § 13 HGB. Danach haben alle Anmeldungen bei dem Gericht zu erfolgen, bei dem die Zweigniederlassung ihren Sitz hat und die Zweigniederlassung „ist" gem. § 13 HGB einzutragen. Unabhängig vom deutschen Gesetzestext muss hier aber auf die sog. Zweigniederlassungsrichtlinie abgestellt werden.[95] Die §§ 13 d – 13 g HGB dienen vor allem der Umsetzung der Zweigniederlassungsrichtlinie. Sie sind daher nach ganz h.M. richtlinienkonform auszulegen.[96]

Einzige Konsequenz der Nichteintragung ist allerdings nur die Androhung eines Zwangsgeldverfahrens zur Erzwingung der Eintragung, sofern das zuständige Registergericht von der Tätigkeit der selbständigen Zweigniederlassung in Deutschland Kenntnis erlangt.

Unabhängig davon ist die Eintragung auf jeden Fall zu empfehlen, bringt sie doch einen erheblichen Reputationsgewinn und ist von den Eintragungskosten überschaubar. Zudem wird die Eintragung in der Regel von Banken, Leasinggesellschaften etc. verlangt.

Die Erteilung der Steuernummern und auch die Gewerbeerlaubnis/anmeldung kann wegen des rein deklaratorischen Charakters der Eintragung nicht von dieser abhängig gemacht werden.

5.3 Gerichtsstand der Limited

Für im Inland tätige Limiteds gelten dieselben Voraussetzungen wie bei einer GmbH.

Die Limited als Beklagte:

Gegen die Limited werden am Ort der Niederlassung Klagen erhoben, vgl. § 21 ZPO, Ort der Niederlassung und § 29 ZPO, Erfüllungsort. Für überwiegend in Deutschland/Österreich tätige Limiteds sind die Gerichte im Inland zuständig.

---

94 Rehberg in Eidenmüller (Hrsg.) Ausländische Kapitalgesellschaften im deutschen Recht, München 2004, § 5 Rdnr 22.

95 Elfte Richtlinie 89/666/EWG des Rates vom 21. Dezember 1989 über die Offenlegung von Zweigniederlassungen, die in einem Mitgliedstaat von Gesellschaften bestimmter Rechtsformen errichtet wurden, die dem Recht eines anderen Staates unterliegen.
Amtsblatt Nr L 395 vom 30/12/1989 S. 0036 – 0039

96 Lutter in Lutter (Hrsg.) Europäische Auslandsgesellschaften in Deutschland, 2005, S. 3.
Heinz, Die englische Limited, 2. Aufl. 2006, § 18 Rdnr 9 f.

Die Limited als Klägerin:

Grundsätzlich gilt der Sitz der Gegenseite (§ 12, 17 ZPO).

Es handelt sich hier jeweils um den Gerichtsstand der Niederlassung (Art 5 Nr 5 EuGVO).

Gilt das auch für Limiteds, die (noch) nicht im Handelsregister eingetragen sind?

Die Limited ist zweifelsfrei eine Kapitalgesellschaft und damit eine juristische Person.[97] Damit ist die Limited kraft Rechtsform gem. § 6 HGB Kaufmann, sodass das Erfordernis des § 38 ZPO, die Kaufmannseigenschaft, erfüllt ist. Weiterhin ergibt sich dies aus den Vorschriften der §§ 13 ff HGB, die ausdrücklich Regelungen für in Deutschland ansässige Niederlassungen ausländischer Kapitalgesellschaften enthalten. Dieser Vorschriften bedürfte es nicht, läge keine Kaufmannseigenschaft der ausländischen Kapitalgesellschaft vor. Aus diesen Vorschriften ergibt sich zudem, dass für die Kaufmannseigenschaft der Limited eine Eintragung in das deutsche Handelsregister nicht erforderlich ist, da eine solche Eintragung lediglich deklaratorischen Charakter, und nicht, wie bei der deutschen GmbH, konstitutiven Charakter hat (vgl. § 13g HGB).

Also kann die Limited mit anderen Vollkaufleuten Gerichtsstandvereinbarungen abschließen.

Gesellschaftsrechtliche Streitigkeiten

Nach Art 22 Nr 2 EuGVO sind die Gerichte des Mitgliedstaates in dessen Hoheitsgebiet eine Gesellschaft oder juristische Person ihren Sitz hat, ohne Rücksicht auf den allgemeinen Gerichtsstand der Gesellschaft für alle Klagen ausschließlich zuständig, welche die Gültigkeit, die Nichtigkeit oder die Auflösung einer Gesellschaft oder juristischen Person oder die Gültigkeit der Beschlüsse ihrer Organe zum Gegenstand haben.[98]

Ziel dieser Vorschrift ist die Sicherung des Gleichlaufs von anwendbarem Recht und internationaler Zuständigkeit. Ist nach der europarechtlichen Gründungstheorie trotz inländischen Verwaltungssitzes das Personalstatut der Gesellschaft das eines anderen Mitgliedstaates, sind dessen Gerichte für gesellschaftsrechtliche Streitigkeiten i.S.v. Art 22 Nr 2 EuGVO ausschließlich zuständig.[99]

Dies bedeutet, dass gesellschaftsrechtliche Streitigkeiten von deutschen Limiteds grundsätzlich vor englischen Gerichten zu verhandeln sind.

Dies gilt gem. Art 5 Nr 1 EuGVO, nach den geschilderten Grundsätzen, auch für gesellschaftsrechtliche Klagen, die nicht den Bestand der Gesellschaft betreffen. So z.B. Zahlungsklagen oder Ansprüche die sich unmittelbar aus dem Gesellschaftsvertrag ergeben.

Diesem, für die deutsche Limited, unerfreulichen Ergebnis lässt sich allerdings begegnen.

Gem. Art 23 EuGVO können die Parteien vereinbaren, dass ein Gericht oder die Gerichte eines Mitgliedstaates für eine aus einem bestimmten Rechtsverhältnis entspringende Rechtsstreitigkeit ausschließlich zuständig ist, wenn eine der Parteien ihren Wohnsitz in diesem Mitgliedstaat hat.

---

97 Vgl. *Shearman*, Seite 149 ff.

98 Leible in Hirte, Bücker (Hrsg.) Grenzüberschreitende Gesellschaften, Praxishandbuch für ausländische Kapitalgesellschaften im Inland, 2005 § 11 Rdnr 7.

99 Leible in Hirte, Bücker (Hrsg.) Grenzüberschreitende Gesellschaften, Praxishandbuch für ausländische Kapitalgesellschaften im Inland, 2005 § 11 Rdnr 7 m.w. Nachweisen.

Eine solche Vereinbarung hat in Schriftform zu erfolgen, oder muss zumindest schriftlich bestätigt werden.[100]

Dies bedeutet, dass schon bestehende Gesellschaften im Nachhinein mittels einfachen shareholders agreement für die genannten Streitigkeiten die Zuständigkeit des z.B. für den Verwaltungssitz der Gesellschaft örtlich und sachlich zuständigen Gerichts vereinbaren können.

Um diesen Konflikt aber von Anfang an auszuschließen, sollte die Satzung der Gesellschaft von vorn herein eine entsprechende Gerichtsstandsklausel enthalten. Eine solche Klausel ist grundsätzlich auch in einem englischen Gesellschaftsvertrag[101] zulässig. Diese Klausel muss sich dann auf eine bereits entstandene oder eine künftig aus einem bestimmten Rechtsverhältnis entspringende Rechtsstreitigkeit beziehen.[102]

Selbstverständlich führt dies dazu, dass deutsche Gerichte dann englisches Gesellschaftsrecht anzuwenden und zu prüfen haben.

Um auch dies so zu vermeiden, besteht noch die Möglichkeit durch ein shareholders agreement eine Schiedsvereinbarung zu schließen. Mit einer solchen Vereinbarung könnte dann dem gerichtlichen Verfahren ein entsprechendes Schiedsverfahren vorgelagert werden.

5.4 Selbständige oder unselbständige Niederlassung

Nur für Unternehmen, die in England die Hauptniederlassung haben, d.h. in England einen Geschäftssitz haben und von dort aus ihre Geschäftsentscheidungen treffen.

Eine unselbständige Niederlassung (Zweigstelle) unterliegt den Weisungen der Hauptgesellschaft in England. Sie stellt aber grundsätzlich eine Betriebsstätte in Deutschland dar und ist demnach für sämtliche ihrer Aktivitäten anzeige- und steuerpflichtig. Die unselbständige Zweigstelle einer Limited wird im Unterschied zur selbständigen Niederlassung nicht beim Handelsregister eingetragen, sondern lediglich beim Gewerbeamt und Finanzamt angemeldet.

Die Anmeldung ist vom Director/Geschäftsführer bzw. dem in Deutschland bestellten „ständigen Vertreter" (eine Art Prokurist mit umfassender rechtsgeschäftlicher Vertretungsbefugnis) der englischen Gesellschaft beim zuständigen Gewerbeamt am Ort der Zweigstelle vorzunehmen. Wichtig ist, dass die Anmeldung formell durch die englische Gesellschaft, vertreten durch ihren Director, vorgenommen wird. Sie kostet i.d.R. ca. EUR 20 und ist mit dem Ausfüllen eines Formulars erfüllt. Das Finanzamt wird im Regelfall durch die Stadt informiert.

Indem der Verwaltungssitz der Gesellschaft von England nach Deutschland verlegt bzw. begründet wird, wird schon rein faktisch eine selbständige Niederlassung der Gesellschaft gegründet. Tatsächlich handelt es sich aber, da sich in England nur noch der satzungsmäßige Sitz und das Registered Office befindet, um die Hauptniederlassung. Von hier aus werden die geschäftsleitenden Entscheidungen getroffen und von hier aus wird die Gesellschaft geführt.

---

[100] Vgl. Art 23 Abs 1 lit. A EuGVO.

[101] Hier dann in den articles of association.

[102] Leible in Hirte, Bücker (Hrsg.) Grenzüberschreitende Gesellschaften, Praxishandbuch für ausländische Kapitalgesellschaften im Inland, 2005 § 11 Rdnr 32 m.w.Nachweisen. Heinz, Die englische Limited, 2. Aufl. 2006, § 3 Rdnr 12.

Zu beachten ist allerdings, dass diese Zweigniederlassung ausschließlich wirtschaftlich und nicht rechtlich selbständig ist. D.h. alle Verträge, die z.B. abgeschlossen werden lauten auf die Limited und nicht auf die Zweigniederlassung. Gleiches gilt auch für Grundbucheintragungen. Grundbuchfähig ist nur die Limited und nicht die Zweigniederlassung.

Nur wenn in der Niederlassung nicht die wesentlichen Geschäftsführungsentscheidungen getroffen werden, handelt es sich um eine unselbständige Zweigniederlassung.

Wichtig ist, dass sämtliche Beschlüsse der unselbständigen Zweigniederlassung tatsächlich auch von der Gesellschaft in England gefasst und dort auch dokumentiert werden sowie die tatsächliche Geschäftsführung in England erfolgt.

Wenn in der unselbständigen Niederlassung Mitarbeiter beschäftigt werden sollen, so müssen diese ihren Arbeitsvertrag mit der ausländischen Gesellschaft schließen. Wenn sich der Arbeitsort jedoch in Deutschland befindet, so ist die Versteuerung und Sozialversicherung auch in Deutschland vorzunehmen. Allerdings ist das Gehalt vom Sitz der Gesellschaft im Ausland zu überweisen.

Die Versteuerung der Umsätze der Gesellschaft kann nur dann in England erfolgen, wenn es keine Betriebsstätte in Deutschland gibt, d.h. alle Rechnungen und Verträge ausschließlich mit der Gesellschaft in England geschlossen werden und die Firma dort auch tätig ist. Das wäre der Fall, wenn sich in Deutschland lediglich ein Warenlager oder reines Korrespondenzbüro befindet. Anderenfalls sind alle Umsätze nach deutschem Recht in Deutschland zu versteuern.

Dies wäre bei der normalen Geschäftstätigkeit sowohl bei der selb- als auch bei der unselbständigen Niederlassung der Fall. Die in Deutschland gezahlten Steuern werden in England angerechnet, sodass in England i.d.R. keine weiteren Steuern anfallen, soweit die Geschäftstätigkeit ausschließlich auf Deutschland beschränkt ist (Doppelbesteuerungsabkommen zwischen Deutschland und England).

5.5 Der Handelsregistereintrag

Die Zweigniederlassung in Form der selbständigen Niederlassung wird von der Rechtsprechung als auf Dauer räumlich und organisatorisch, aber nicht rechtlich selbständiger Teil des Unternehmens definiert. Trotz aller organisatorischen Selbständigkeit ist die Zweigniederlassung rechtlich von der Hauptniederlassung abhängig. Soweit sie jedoch eine eigene Firma führt, kann sie selbst unter dieser verklagt werden und klagen.

Eine Zweigniederlassung muss nach ihrer Errichtung in Deutschland bei dem Amtsgericht, in dessen Bezirk sich die Niederlassung befindet, zur Eintragung in das Handelsregister angemeldet werden, §§ 13 ff HGB. Analog ist in Österreich das Firmenbuchgericht zuständig, in dessen Zuständigkeitsbereich der Ort der inländischen Zweigniederlassung liegt.

Die Errichtung der Niederlassung erfolgt einfach durch einfachen Gründungsbeschluss und durch Aufnahme der Geschäfte. Aus diesem Grunde sollte vorab die Gewerbeanmeldung unbedingt erfolgen. Nach der Gewerbeanmeldung wird die Steuernummer automatisch erteilt. Anders jedoch im Falle der erforderlichen internationalen Umsatzsteueridentifikationsnummer die separat zu beantragen ist.

Folgende Unterlagen sind einzureichen:

- Anmeldung zur Eintragung der Zweigniederlassung durch die Geschäftsführer/Directors der Limited, die den Ort, evtl. den/die ständige/n Vertreter und den konkreten

Geschäftszweck der Zweigniederlassung enthalten muss. Anzugeben ist ebenfalls die Vertretungsbefugnis der Geschäftsführer/Directors. Nach englischem Recht besteht grundsätzlich Gesamtvertretungsbefugnis bei mehreren Geschäftsführern. Liegt aber eine Satzungsregelung zur Alleinvertretungsbefugnis vor, so kann auch diese angemeldet und eingetragen werden.

- Gesellschafterbeschluss zur Errichtung der Zweigniederlassung, der den Ort, den/die ständige/n Vertreter und den konkreten Geschäftszweck der Zweigniederlassung, sowie die Vertretungsbefugnis enthalten muss.
- Gesellschafterbeschluss (mit Datum der Errichtung der Limited) über die Bestellung der/des Geschäftsführers bzw. Directors und dessen/deren Vertretungsberechtigung. Nach englischem Recht ist ein solcher Beschluss nicht erforderlich, wird aber von den deutschen Gerichten als Nachweis für die Legitimation der Geschäftsführer als unabänderlich angesehen.
- Gesellschaftsvertrag im Original (in engl. Fassung) nebst Beglaubigung und Apostille
- Beglaubigte Übersetzung des Gesellschaftsvertrages[103]
- Gründungsurkunde bzw. Handelsregisterauszug des engl. Handelsregisters (House of Cardiff) in beglaubigter Form inkl. Apostille
- Beglaubigte Übersetzung der Gründungsurkunde bzw. des Registerauszugs

Diese Unterlagen werden von der Limited-Gründungsagentur i.d.R. bereitgestellt.

Soweit die ständige Vertretung nicht durch einen Geschäftsführer der Limited übernommen wird, muss zusätzlich eine besondere Handlungsvollmacht gemäß § 54 Abs 2 HGB durch die Gesellschaft an den ständigen Vertreter erteilt werden. Diese ist entsprechend in einem schriftlichen Gesellschafterbeschluss zu belegen. Beides ist sodann im Original zum Handelsregister einzureichen.

Die Einreichung erfolgt über einen Notar am Ort der Zweigniederlassung, der die Anmeldung zu beglaubigen hat und die Einreichung zum Handelsregister vornehmen kann. Die Dauer der Eintragung hängt vom Ort der Niederlassung bzw. vom entsprechenden Sachbearbeiter/Richter ab und dauert in der Regel zwischen 10 Tagen und 2 Monaten (ggfs. auch länger). Die Kosten der Eintragung betragen in der Regel zwischen 250 und 300 Euro.

Die Notargebühren bleiben niedrig, soweit die Erstellung der Eintragungsunterlagen selbständig erfolgt und der Notar lediglich die Unterschrift der oder des Geschäftsführers beglaubigt. Notariell beglaubigt werden muss lediglich die Unterschrift aller Geschäftsführer der Limited, die insofern auch persönlich vor dem Notar zu erscheinen haben.

Zu berücksichtigen ist noch, dass jede Satzungsänderung mit einer neuen vollständigen Satzung inkl. begl. Übersetzung auch zum deutschen Register anzumelden ist. Gleiches gilt für Änderungen in der Person des Vertretungsberechtigten, also des Geschäftsführers.

Ebenso muss auch der Annual Acount, nachdem er nach England abgereicht wurde, zum deutschen Handelsregister eingereicht werden. Hier reicht eine einfache Kopie ohne Übersetzung (vgl. § 325 a HGB).

[103] Ab 1.1.2007 an sich nicht mehr erforderlich, da Unterlagen in einer der Amtssprachen der Europäischen Union auch im Original akzeptiert werden müssen, § 11 HGB n.F.

Der einzutragende Geschäftszweck

Angaben über den Gegenstand der ausländischen Gesellschaft müssen nur dann mit in die Anmeldung aufgenommen werden, soweit er von dem Unternehmensgegenstand der Zweigniederlassung abweicht. Dies ist hier nicht der Fall. Sofern nur der Gegenstand der Zweigniederlassung eingetragen wird, ist die Aufführung des Gegenstands der ausländischen Gesellschaft in der Anmeldung nicht erforderlich.[104]

Die Eintragung des englischen Geschäftszwecks verstößt weiterhin gegen die Zweigniederlassungsrichtlinie. Die Richtlinie sieht vor, dass die Offenlegung – abgesehen von der Vertretungsmacht, der Firma, der Rechtsform und der Auflösung der Gesellschaft – auf Angaben beschränkt wird, die die Zweigniederlassung selbst betreffen. In Artikel 2 wird die Pflicht zur Offenlegung konkretisiert auf aufgeführte Unterlagen und Angaben. Bei diesen aufgeführten Angaben ist der Punkt Tätigkeit der Zweigniederlassung genannt, aber nicht der Punkt Tätigkeiten der Hauptniederlassung (vgl. die elfte Richtlinie 89/666 EWG des Rates vom 21. Dezember 1989 über Offenlegung von Zweigniederlassungen, die in einem Mitgliedstaat von Gesellschaften bestimmter Rechtsformen errichtet wurden, die dem Recht eines anderen Staates unterliegen).

Öffentlich-rechtliche Genehmigungen

Auch muss die Limited zur deutschen Handelsregistereintragung öffentlich rechtliche Genehmigungen, wie z.B. nach dem Gaststättengesetz, nach § 34 c GewO u.s.w. vorlegen. Diese Genehmigungen sind auf die Limited auszustellen, eine Umschreibung vom alten Inhaber auf die Limited bzw. deren Geschäftsführer ist nicht möglich.

Jahrelang war es höchst umstritten, ob auch die sog. EU-Lizenz für den Güterkraftverkehr für Limiteds in Deutschland auszustellen ist. Die deutschen Behörden gingen davon aus, dass diese in England erteilt werden müsse. Hier hat das Verwaltungsgericht Aachen[105] eindeutig festgestellt, dass diese Lizenz am Verwaltungssitz der Gesellschaft, also in Deutschland, zu erteilen ist. Zwischenzeitlich folgen die Verwaltungen aller Bundesländer diesem Urteil.

Gewerbeverbot und Limited-Gründung

Noch im Jahr 2001 hatte das OLG Oldenburg[106] entschieden, dass auch eine mit einem Gewerbeverbot belegte Person Geschäftsführer einer Limited sein könne. Dem hat 2006 das OLG Thüringen[107] widersprochen und diese Rechtsfrage wegen der unterschiedlichen Rechtsprechung von Oberlandesgerichten dem BGH vorgelegt. Es steht außer Zweifel, dass der BGH sich dem OLG Thüringen anschließen wird. Das Gewerbeverbot hat den Zweck, die Allgemeinheit im Wirtschaftsverkehr zu schützen und geht daher als Schutzvorschrift in Deutschland dem Gesellschaftsstatut vor. Hinzu kommt, dass auch in England etwas Ähnliches wie das Gewerbeverbot existiert. Ein Director, der gegen seine Pflichten verstößt, kann u.U. über mehrere Jahre als Director disqualifiziert sein, also auch nicht gewerblich im Rahmen einer Gesellschaft tätig sein.

---

[104] Klose-Mokroß, Die Eintragung der Zweigniederlassung einer englischen „private limited company" in das deutsche Handelsregister (Teil II), DStR 2005, 1013.
[105] Urteil v. 27.Februar 2007 – 2 K 2560/05.
[106] OLG Oldenburg v. 28.5.2001 – 5 W 71/01, GmbHR 2002, 29.
[107] OLG Thüringen Beschl. vom 09.03.2006 – 6 W 693/05.

5.6 Die Limited im Insolvenzfall

Nach dem Prognosebericht der Euler Hermes Kreditversicherung[108] kann von einer Entspannung bei den Firmeninsolvenzen nicht die Rede sein. Vielmehr wird in Deutschland mit einem neuen Negativrekord von 43.000 Unternehmensinsolvenzen im Jahr 2004 gerechnet.[109]

Somit bleibt der negative Trend seit 1999 weiterhin ungebrochen.

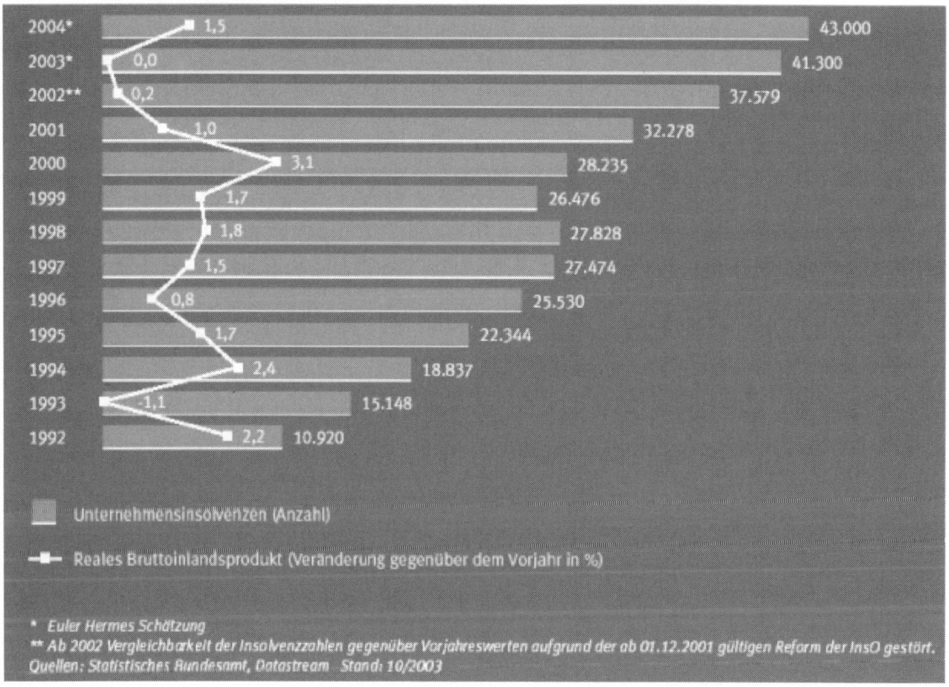

Abbildung 5: Unternehmensinsolvenzen und reales Bruttoinlandsprodukt[110]

Bei der Insolvenz einer Private Limited Company stellt sich aufgrund der internationalen Ausrichtung der Gesellschaft und der Überschneidung differierender nationaler Rechtsordnungen die Frage nach der Anwendung der jeweiligen Rechtsordnung.

5.6.1 Rechtsordnung bei Insolvenz

Am 31.05.2002 wurde die europäische Verordnung für Insolvenzverfahren verabschiedet, die innerhalb der EU Insolvenzen verbindlich regelt.[111] Sie ersetzte damit den Artikel 102 EGInsVO, der das deutsche Internationale Insolvenzrecht bis zu diesem Zeitpunkt

[108] Vertiefende Literatur: https://www.euler-hermes.de, Stand: 01.01.2004; vgl. *Gassmann*, Seite 13.

[109] Vgl. http://www.allianz.com/azgrp/dp/cda/0"186048-49,00.html, Stand: 10.11.2003.

[110] Quelle: *Hupe*, Seite 8.

[111] Vgl. Verordnung (EG) Nr 1346/2000 des Rates v. 29.5.2000 über Insolvenzverfahren; *Jayme/Hassmann* (2002), Nr 260; *Kemper* (2001), Seite 1609 ff.

alleine regelte und keine umfassende Rechtssicherheit bieten konnte. Mit der EuInsVO soll eine gleichmäßige Befriedigung von Gläubigerinteressen erreicht werden.[112]

Da sich die EuInsVO nur auf das Territorium der Europäischen Union bezieht, hat der deutsche Gesetzgeber durch das autonome, deutsche Internationale Insolvenzrecht die Lücke zwischen der EU und dem Rest der Welt geschlossen.[113]

Durch die Tatsache, dass England innerhalb der EU liegt, finden für eine Private Limited Company die Vorschriften der EUInsVO Anwendung.[114] Nach Art 3 Abs 1 EuInsVO sind für die Eröffnung von Insolvenzverfahren die Gerichte des Mitgliedstaates zuständig, auf dessen Territorium der Schuldner [die insolvente Gesellschaft] den Mittelpunkt ihrer hauptsächlichen Interessen hat.[115]

Entscheidend ist dabei der Ort, an dem die Geschäftsführung ihre Entscheidungen trifft und umsetzt und der Geschäftsbetrieb organisiert wird.[116] Praktisch bedeutet dies, dass für eine Private Limited Company mit tatsächlichem Verwaltungssitz in Deutschland die deutschen Gerichte zuständig sind. Ein Insolvenzantrag ist deshalb nach § 3 InsO an ein deutsches Gericht zu stellen. Dies kollidiert nicht mit der EuInsVO, da diese nur für die Sachverhalte relevant sind, die direkt mit der Insolvenz zu tun haben.[117] Hier ist eine klare Differenzierung zwischen Insolvenzstatut und gesellschaftsrechtlicher Qualifikation notwendig.

Abbildung 6 zeigt die Auswirkungen der unterschiedlichen Qualifikationen.

---

112 Vgl. *Pannen*, Seite 303; *Liersch*, Seite 17 f.

113 Das Gesetz trat am 20.03.2003 in Kraft, die Regelungen finden sich in den §§ 335 bis 358 InsO geregelt.

114 Vgl. *Duursma-Kepplinger/Duursma/Chalupsky* (2002), Art 4 Rn 5 ff.

115 Wird als lex fori concursus bezeichnet. Die Folge ist, dass alle Sicherungsrechte ob in- oder ausländischer Natur einem Statut unterliegen sollen, das dann die Verteilung der Verwertungserlöse regeln soll. Vgl. Kuhn, G., Uhlenbruck, W., Lüer, H.J. (1994), §§ 237, 238 Rn 92; Favoccia, D.(1991), Seite 24, 45 ff, 83 ff; Mohrbutter, H. (1996), Kapitel XXIII Rn 212; Summ, C. (1992), Seite 64 ff, 82 ff, 91.

116 Vgl. *Müller*, Seite 415.

117 Vgl. *Balz*, Seite 949 f; *Duursma-Kepplinger/Duursma/Chalupsky*, (2002), Art 4 Rn 1,4,6.; *Huber* Seite 134.

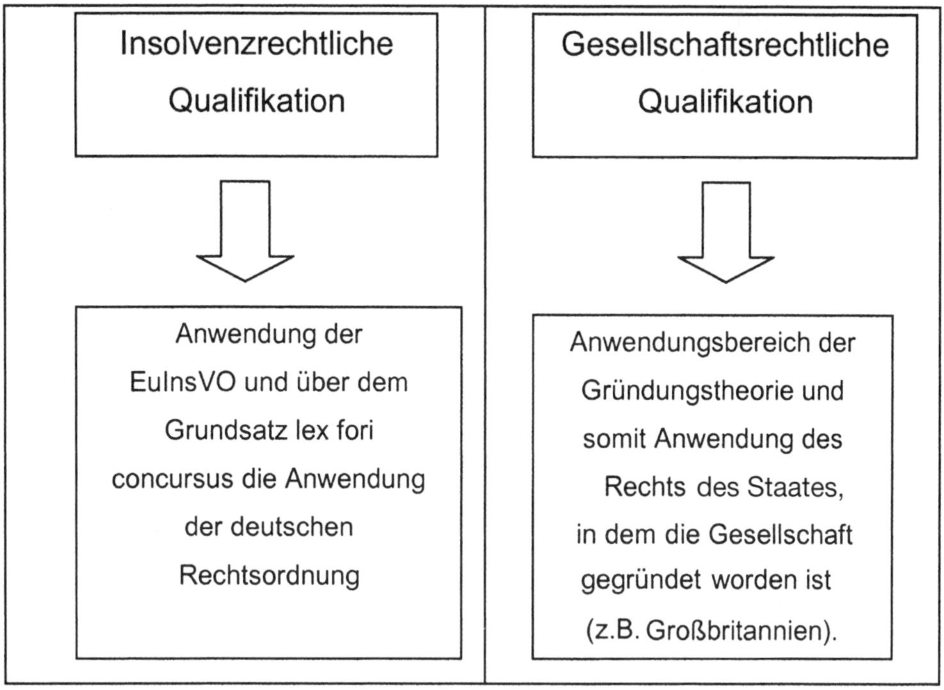

Abbildung 6: Entscheidung über die Rechtsordnung. Eigene Darstellung.

5.6.2 Insolvenzfähigkeit

Eine Insolvenz kann nur dann eröffnet werden, wenn Insolvenzfähigkeit[118] festgestellt wird.

Gemäß Art 4 Abs 2a EuInsVO richtet sich die Insolvenzfähigkeit des Schuldners nach dem Recht des Staates, der das Insolvenzverfahren eröffnet.[119]

Die Insolvenzfähigkeit einer Private Limited Company mit Verwaltungssitz in Deutschland wird somit nach der deutschen InsO beurteilt.[120]

Unisono verhält es sich mit den Insolvenzgründen. Diese bestimmen sich auch nach der deutschen InsO. Diese beinhaltet:

- Zahlungsunfähigkeit (§ 17 InsO)
- Drohende Zahlungsunfähigkeit (§ 18 InsO)
- Überschuldung juristischer Personen (§ 19 InsO)

Bei diesen Kriterien ist selbstverständlich auf das Betriebskapital und nicht auf das Stammkapital abzustellen. Wäre dies der Fall, wäre eine Vielzahl von Limiteds schon im Zeitpunkt der Gründung überschuldet.

[118] Insolvenzfähig sind alle Personen und Vereinigungen gemäß § 11 Abs 1 und 2 InsO. Nicht insolvenzfähig sind z.B. Vermögen des Bundes oder der Länder. Dies ist geregelt in § 12 InsO.
[119] Vgl. *Huber*, Seite 133; *Müller*, Seite 415 f.
[120] Gemäß § 11 Abs 1 InsO.

5.6.3 Insolvenzantrag

Auch die Regelungen des Insolvenzantrages bestimmen sich nach dem Gesetz des Staates, der das Verfahren eröffnet.[121] Die Eröffnung des Insolvenzverfahrens ist somit nach § 13 Abs 1. Satz 2 InsO zu beantragen.

Die Frage, ob die Private Limited Company einer Antragspflicht nach deutschem Recht gemäß § 64 Abs 3 GmbHG analog unterliegt, ist aktuell noch sehr umstritten. Die Hauptproblematik liegt darin, dass die Antragspflicht gesellschaftsrechtlich (GmbHG) und nicht insolvenzrechtlich geregelt ist. Nach der Gründungstheorie würde dies zur Folge haben, dass das Recht des Staates Anwendung findet, in dem die Gesellschaft gegründet wurde. Am Beispiel einer Private Limited Company wäre dies also das britische Gesellschaftsrecht.

Aus diesen Gründen ist davon auszugehen, dass die Antragspflicht gesellschaftsrechtlich qualifiziert werden muss und in diesem Fall britisches Recht zur Anwendung kommt.[122]

5.6.4 Haftung bei Insolvenzverschleppung

Auch eine Haftung bei Insolvenzverschleppung unterliegt aus den gleichen Gründen wie die Insolvenzantragspflicht den Regelungen des britischen Gesellschaftsrechtes.

Das englische Gesellschaftsrecht verpflichtet den Director bei Überschuldung nicht zwingend zur Beantragung eines Insolvenzverfahrens. Es wird ein erhöhter Sorgfaltsmaßstab auferlegt um den potentiellen Schaden für die Gläubiger zu minimieren. Die Nichteinleitung eines Insolvenzverfahrens ist nach dem engl. Gesellschaftsrecht für solche Fälle geboten, in denen durch die Nichtbeantragungen langfristig die Bedienung von Gläubigern sichergestellt werden kann, weil z.B. dadurch erst zukünftige Gewinnchancen genutzt werden können.

Die Haftungsproblematiken für den Geschäftsführer einer GmbH z.B. bei einer Insolvenzverschleppung existieren in England nicht und können sich damit insbesondere auch zum Vorteil des Geschäftsführers auswirken. Um Gläubiger nicht zu benachteiligen und um auch eine insolvente Gesellschaft in England nicht unbegrenzt fortzuführen gibt es in England das Rechtsinstitut „Wrongful Trading" um den potentiellen Schaden für Gläubiger zu minimieren.

Ein Geschäftsführer einer deutschen GmbH haftet überdies für sämtliche Verbindlichkeiten, die nach Eintritt eines Insolvenzgrundes (Überschuldung oder Zahlungsunfähigkeit) nach Ablauf der 3 Wochen Frist begründet werden, persönlich und gesamtschuldnerisch.

Im deutschen Gesellschaftsrecht ist es somit unerheblich, ob eine Besserstellung durch eine Nicht-Insolvenzantragstellung möglich wäre. Der Geschäftsführer ist nach Ablauf der 3-wöchigen Sanierungsfrist zum Insolvenzantrag nach §§ 64 GmbHG, 263 StbG gezwungen um die persönliche Haftung zu vermeiden. Wird § 64 GmbHG als insolvenzrechtliche Vorschrift angesehen, greift sie auch für die Limited.

Wenn Unternehmen eingesetzt werden um Gläubiger zu benachteiligen, greifen in beiden Ländern diverse Straftatbestände wie z.B. Eingehungsbetrug. Eine Durchgriffshaftung auf das Privatvermögen des Geschäftsführers einer Limited mit Sitz in Deutsch-

---

121 Vgl. *Müller*, Seite 416, 418.

122 Vgl. *Mock/Schildt*, Seite 400, 402; *Müller*, Seite 416, 418; *Trunk*, Seite 104.

land (wie dies auch bei der GmbH oder jeder anderen Gesellschaftsform der Fall wäre) ist dann möglich (14.05.2003, Aktenzeichen 67g IN 358).

Fazit:

Die zivilrechtlichen Haftungsrisiken eines Director sind keineswegs höher einzustufen als die eines GmbH-Geschäftsführers. Das englische Gesellschaftsrecht ermöglicht dagegen bei positiver Fortführungsprognose Straffreiheit. Der GmbH-Geschäftsführer hingegen hat nach Ablauf der dreiwöchigen Frist auch mit strafrechtlichen Sanktionen zu rechnen.

Das englische Gesellschaftsrecht möchte insolvente Gesellschaften ebenso wenig am Leben erhalten wie der deutsche Gesetzgeber. Eine Überschuldung löst aber nicht zwangsläufig eine persönliche Haftung des Directors einer Limited aus, sofern er die ihm auferlegten Sorgfaltspflicht nicht verletzt hat.

Der vermeintliche Gläubigerschutz des Haftungskapitals einer deutschen GmbH von € 25.000 bringt den Gläubigern in der Praxis keine Vorteile. Da in 99% aller Fälle im Insolvenzverfahren das Haftungskapital der GmbH aufgebraucht ist, bzw. in vielen Fällen auch nicht in der kompletten Höhe erbracht wurde.

Im Falle einer missbräuchlichen Gestaltung bei der GmbH oder Limited greifen Sanktionsmaßnahmen, bei der sich der Geschäftsführer bei einer Limited keinesfalls schlechter stellt. Ggf. stellt sich der Geschäftsführer sogar besser, da er Maßnahmen einleiten kann, um das Unternehmen aus der Krise zu führen und langfristig Gläubigerinteressen zu befriedigen.

Gleiches gilt für die vielfach angesprochene angebliche Überschuldung der LTD aufgrund ihres geringen, frei wählbaren Haftungskapitals (ab 1 GBP aufwärts).

Natürlich ist man nicht von Anfang an überschuldet. Wäre das so, gäbe es kaum ein solventes Unternehmen in England. Von den zum 31. März 2003 registrierten Firmen haben von insgesamt 1,8 Mio. Firmen 1,3 Mio., also über 70%, ein gesellschaftsvertraglich festgelegtes Mindestkapital von weniger als 100 Pfund (ca. 150 EUR). Übrigens: Das gesetzliche Mindestkapital einer deutschen GmbH von 25.000 EUR haben nur ca. 172.000 Firmen, also knapp 10%.

Limited-Gründung im Rahmen eines deutschen Insolvenzverfahrens

Grundsätzlich sind verschiedene Konstellationen von Ltd-Gründungen vor, während, und nach Beendigung eines Insolvenzverfahrens denkbar.

1. Ltd. Gründung mit der Gewissheit, dass in Kürze eine Privat- oder Firmeninsolvenz ansteht

   Wird die Gesellschaft in Kenntnis der Tatsache gegründet, dass die Gründungskosten nicht gezahlt werden können, liegt eindeutig der Straftatbestand des Eingehungsbetruges vor.

   Wird ordnungsgemäß gegründet, sind folgende Risiken zu beachten:

   Liegen bereits Titel gegen den Gesellschafter vor, können Gläubiger des Gesellschafters jederzeit dessen Anteile an der Gesellschaft pfänden und so praktisch Inhaber der Gesellschaft werden, verbunden mit dem Recht, Gewinnausschüttungen an sich selbst zu verlangen oder aber z.B. den Geschäftsführer abzulösen. Also so zu handeln, wie der tatsächliche Inhaber der Gesellschaft.

Kommt es zum Insolvenzverfahren, so ist praktisch der Insolvenzverwalter der „Herr" der Gesellschaft. Er hat das Recht die Gesellschaft zu Liquidieren und u.U. auch den Geschäftsführer abzulösen. Sämtliche Gewinne der Gesellschaft fließen in die Insolvenzmasse und werden an die Gläubiger verteilt.

2. Ltd.-Gründung während eines laufenden Insolvenzverfahren

   Eine solche Gründung ist nach englischem Recht an sich nicht möglich. Das englische Gesetz (Insolvency Act) erlaubt einer vermögenslosen Person nur dann die Gründung einer Kapitalgesellschaft, wenn ein englisches Gericht hierzu die Zustimmung gibt.

   Ein solches Verfahren wurde von einer „deutschen" Ltd. aber ersichtlich noch nicht durchgeführt. Eine solche gerichtliche Zustimmung wird kaum zu erreichen sein. Die englischen Gerichte werden sicherlich ihre Zuständigkeit im Hinblick auf die EuInsVO verneinen. Zudem wird es den englischen Gerichten wohl gleichgültig sein, was mit dem Gründer einer rein deutschen Ltd. vermögensrechtlich geschieht. Es steht zu erwarten, dass die deutschen Gerichte im Hinblick auf den Insolvency Act und das Gesellschaftsstatut ebenfalls ihre Zuständigkeit verneinen.

   Hier gilt es den Mittelweg zu finden. Um annähernd beiden Rechtskreisen gerecht zu werden, bietet es sich an, die Gründung der Gesellschaft von der Zustimmung des Insolvenzverwalters abhängig zu machen. Stimmt der Insolvenzverwalter zu, liegt nach deutscher Rechtsauffassung praktisch eine Zustimmung vor, wie sie das englische Gesetz fordert.

   Aber auch hier ist zu beachten, dass dem Insolvenzverwalter dann die oben zu 1. beschriebenen Rechte zustehen. D.h., dass auch Einkommen des Directors über der Pfändungsfreigrenze der Masse zufließen kann. Gleiches gilt für Gewinne des Gesellschafters.

3. Ltd.-Gründung nach einem Insolvenzverfahren

   Hier ist zu unterscheiden:

   a. Das Insolvenzverfahren wurde erfolgreich abgeschlossen

      Es kann ganz normal gegründet werden und der Gesellschafter/Geschäftsführer sieht sich keinen Altlasten ausgesetzt.

   b. Das Insolvenzverfahren wurde nicht eröffnet oder mangels Masse eingestellt

      Der Gründer sieht sich den Zugriffen der Gläubiger wie oben zu 1. beschrieben nach wie vor ausgesetzt.

      Wurde ein Insolvenzverfahren für eine Ltd. in Deutschland durchgeführt, **so ist** diese Ltd. gem. § 652a des Companies Act mit Form 652a zu löschen. Dies auch dann, wenn das Insolvenzverfahren mangels Masse nicht eröffnet wurde.

5.7 Übertragung von Gesellschaftsanteilen

Die englischen „shares" entsprechen lediglich begrifflich denen einer AG. Tatsächlich sind sie vergleichbar mit den Gesellschaftsanteilen der GmbH.

Die Übertragung der shares bedarf im Gegensatz zur GmbH keiner notariellen Beurkundung und ist einfacher zu gestalten.

Die Summe aller Anteile, die die LTD ausgeben darf ist das so genannte „share capital", häufig auch als „authorised share capital" bezeichnet. Es ist vergleichbar mit dem genehmigten Kapital einer AG und wird in Höhe und Aufteilung im Memorandum of association angegeben. Die Summe aller Nennwerte der ausgegebenen shares ist das

„issued capital“ und entspricht dem Haftungskapital der Gesellschaft. Auch das issued capital wird im memorandum of association angegeben.

Das Unternehmen kann weitere Anteile bis zur Höhe des Nominalkapitals („authorised share capital“) ausgeben. Das Nominalkapital kann per „ordinary resolution“ erhöht werden, wenn weiterer Kapitalbedarf besteht. Dieses muss natürlich durch die articles of association autorisiert sein. In der Regel werden die Anteile durch die Directoren ausgegeben.

Die Anteile an der Private Limited Company sind grundsätzlich frei übertragbar.

Allerdings dürfen keine Anteile der Öffentlichkeit, z.B. über Zeitungsanzeige zum Kauf angeboten werden. Dennoch ist der in Frage kommende Personenkreis nicht eingeschränkt, wenn auch in der Regel die Gesellschafter ein Vorkaufsrecht haben (pre-emption-rights).

Der transfer of shares erfolgt mittels des sog. stock transfer form und ist sehr einfach, da die Anteile nicht in Form von Inhaberpapieren übertragen werden.

Die Ausgabe erfolgt durch Eintragung der Aktieninhaberschaft in das Gesellschaftsregister. Erst mit Eintragung in das Gesellschaftsregister kann der neue Inhaber seine Stimmrechte ausüben.

Die Anteilsübertragung unterliegt der „stamp duty“ und beträgt 0,5% vom Kaufpreis, jedoch min. 5 GBP und ist vom Käufer zu tragen.

Gesetzlicher Übergang von Gesellschaftsanteilen

Bei der „deutschen“ Limited gilt natürlich sowohl nach deutschem, wie auch englischem Erbrecht, deutsches Recht.

Aber auch, wenn man hier auf das internationale Privatrecht zurückgreift, gilt deutsches Erbrecht. Dies ergibt sich eindeutig aus Art 25 EGBGB:

Artikel 25

Rechtsnachfolge von Todes wegen

(1) Die Rechtsnachfolge von Todes wegen unterliegt dem Recht des Staates, dem der Erblasser im Zeitpunkt seines Todes angehörte.

(2) Der Erblasser kann für im Inland belegenes unbewegliches Vermögen in der Form einer Verfügung von Todes wegen deutsches Recht wählen.

Zudem gehen die Anteile, sofern keine preemtion rights in den articles enthalten sind, gem. sec. 29 Table A unmittelbar auf die gesetzlichen Erben über. Damit bedarf es erst recht nicht des englischen Erbauseinandersetzungsverfahren.

5.8 Beschlussfassung der Limited-„Resolutions“ im englischen Gesellschaftsrecht

Wie bei der GmbH leiten die Geschäftsführer (Direktoren) die Gesellschaft und vertreten die Gesellschaft im Innen- wie im Außenverhältnis.

Die Gesellschafter sind weniger in das tägliche Geschäft involviert, sondern werden zu Entscheidungen in fundamental wichtigen Angelegenheiten der Gesellschaft berufen und natürlich zum Erhalt der Dividende.

Bei vielen kleinen und mittleren Gesellschaften halten auch die Geschäftsführer die Anteile, vergleichbar mit der „Ein-Mann GmbH“.

Nach § 48 Abs 1 GmbHG werden Gesellschafterbeschlüsse in der Gesellschafterversammlung gefasst.

Bei der Limited spricht man anstatt von Gesellschafterbeschlüssen von Resolutionen, die entweder auf Gesellschafterversammlungen gefasst werden, oder aber auch in schriftlicher Form ohne Einberufung einer Gesellschafterversammlung beschlossen werden können.

Es gibt unterschiedliche Arten von Beschlüssen (Resolutions)

- **„Ordinary Resolution"** (= einfacher Mehrheitsbeschluss): Es ist eine 51% Stimmenmehrheit erforderlich.
- **„Special Resolution":** Es ist eine 75% Stimmenmehrheit erforderlich. Die Special Resolution ist für „wichtige" Entscheidungen vom Gesetzgeber vorgeschrieben, so z.B. für Änderungen des Memorandums oder der Articles oder für Namensänderungen. D.h. wenn die Gesellschaft den Firmennamen ändern möchte, müssen 75% der Gesellschafter zustimmen.
- **„Extraordinary Resolution"**: Es ist eine 75% Mehrheit erforderlich. Die „Extraordinary Resolution" ist nur in seltenen Fällen vom Companies Act vorgeschrieben, wichtigster Fall ist die Auflösung der Gesellschaft durch Liquidation.
- **„Elective Resolution":** Einstimmigkeit der Gesellschafter, also 100% der Stimmen sind erforderlich. Die Elective Resolution wird nur in vier Fällen benötigt, diese sind:

  (a) Autorisierung der Direktoren Geschäftsanteile auszugeben;

  (b) Abschaffung der Notwendigkeit für die jährlich vorgeschriebene Gesellschafterversammlung (siehe unten);

  (c) Abschaffung der Notwendigkeit der Vorlage der jährlichen Bilanzen an die Gesellschafter durch die Direktoren;

  (d) Ernennung von Wirtschaftsprüfern (soweit erforderlich) auf unbestimmte Zeit (normalerweise werden „auditors" nur für ein Jahr bestellt).

Alle Resolutionen können auch schriftlich gefasst werden. Eine Vorstandssitzung bzw. Versammlung und vorherige Benachrichtigung der Gesellschafter ist hierbei nicht erforderlich. Voraussetzung ist nur, dass alle stimmberechtigten Gesellschafter die Resolution unterschreiben, d.h. **der Beschluss muss einheitlich ergehen**. Die Entlassung eines Direktors oder der bestellten Wirtschaftsprüfer kann hingegen nicht durch schriftliche Resolution beschlossen werden. Hierfür ist immer ein Beschluss erforderlich, der auf einer Gesellschafterversammlung (General Meeting) gefasst wird.

Zu beachten ist, dass die genannten Beschlussmehrheiten unabänderlich sind und in den Meetings ein bestimmtes Prozedere einzuhalten ist. So ist grundsätzlich ein Vorsitzender (chairman) zu bestimmen, die Beschlussfähigkeit ist ausdrücklich festzustellen und von einer Abstimmung persönlich Betroffene müssen ihr Interesse offen legen.

Bei der deutschen GmbH hingegen muss jede Abänderung des Gesellschaftsvertrages notariell beurkundet und zum Handelsregister angemeldet werden.

5.9 Treuhänderische Übernahme von Gesellschaftsanteilen der Limited

Bei Treuhandverhältnissen erscheint der Treuhänder (Treunehmer) nach außen hin so, als könne er über das Eigentum im eigenen Namen als Berechtigter verfügen. Im

Innenverhältnis ist er jedoch dem Treugeber gegenüber verpflichtet, nur nach dessen Weisung zu handeln.

Diese Form der Kapitalgesellschaftsgründung ist rechtlich und steuerlich anerkannt und wird oft gewählt, wenn der Gesellschafter und/oder Geschäftsführer anonym bleiben will.

Bei der Treuhandgründung werden Director (Geschäftsführer) und/oder Shareholder (Gesellschafter) durch Treuhänder vertreten.

Im heutigen Wirtschaftsleben gibt es eine Vielzahl von Treuhandschaften, welche sich zwischenzeitlich standardisiert eingebürgert haben und allgemein anerkannt sind. So gibt es große Treuhandgesellschaften, welche nur zu dem Zweck gegründet sind, Geschäftsanteile treuhänderisch für Firmenkunden zu halten.

Treuhandschaften werden z.B. aus wettbewerbsrechtlichen Erwägungen eingesetzt, d.h. wenn Mitbewerbern nicht sofort Gesellschaftsverhältnisse konkurrierender Firmen offen gelegt werden sollen.

Ein weiterer Bereich ist der Schutz der Privatsphäre, sowohl im wirtschaftlichen als auch im privaten Bereich. Hier werden Treuhandschaften häufig von Personen des öffentlichen Lebens eingegangen, um ihre persönlichen wirtschaftlichen Engagements geheim zu halten.

Treuhandverträge werden also wesentlich häufiger abgeschlossen, als landläufig bekannt ist.[123]

Wollen der oder die Gesellschafter einer LTD z.B. aus den oben genannten Gründen nach außen hin anonym bleiben, können Treuhandverhältnisse eingegangen werden.

Grundsätzlich ist ein solcher Treuhandvertrag, um Wirksamkeit zu entfalten, notariell zu beurkunden. Der Notar hat dabei die Verpflichtung, eine solche Treuhand dem zuständigen Finanzamt mitzuteilen.

[123] Rechtsanwalt und Treugeber Günther Hantke, Leipzig.

6. Limited & Co. KG

Die Ltd. & Co. KG ist eine besondere Erscheinungsform der KG, deren persönlich haftende Gesellschafterin (Komplementär) keine natürliche Person, sondern eine Limited (juristische Person) ist.

Die Limited & Co. KG ist somit zu sehen wie ein Einzelunternehmen mit beschränkter Haftung.

Die Ltd. & Co. KG wird als Personengesellschaft angesehen, obwohl sie zahlreiche Elemente einer Kapitalgesellschaft in sich vereinigt. Auf die Ltd. & Co. KG finden in erster Linie die Vorschriften über die KG Anwendung.

Hierbei übernimmt die Limited, wie bereits erwähnt, die Funktion des Komplementärs, d.h. die Haftung in der Form, dass sie – wie bei der GmbH & Co. KG – die eigentlich unbegrenzte Haftung des Komplementärs begrenzt und zwar auf das Stammkapital der Komplementär-Limited.

Bei der Gründung einer Gesellschaft müssen mindestens zwei Gesellschafter vorhanden sein. Mindestens einer dieser Gesellschafter muss Komplementär und mindestens einer muss Kommanditist sein, es kann also nicht ein Gesellschafter beide Stellungen innehaben. Als Komplementäre und als Kommanditisten kommen natürliche und juristische Personen und Personengesellschaften in Betracht. Die Limited & Co. KG ist trotz ihrer ausländischen Komplementärin eine echte deutsche Personenhandelsgesellschaft.

Kapital

Bei der Limited bzw. Ltd. & Co. KG ist im Gegensatz zur GmbH oder GmbH & Co. KG das Stamm- bzw. Haftungskapital frei wählbar. Es muss kein Stammkapital in Höhe von mindestens € 25.000 Deutschland (€ 35.000 Österreich) als Einlage für die Komplementär-GmbH tatsächlich erbracht werden. Hinzu kommt, dass Fehler bei der Einzahlung und der Nachweis des eingezahlten Stammkapitals bei der GmbH den Gesellschafter auch noch nach 30 Jahren finanziell belasten können.

Die Gesellschafter müssen innerhalb des Gesellschaftsvertrages festlegen, in welcher Höhe die Einlagen erbracht und in welcher Form – Bar- oder Sacheinlage – sie eingebracht werden sollen. Sollte die Gesellschaft für die Ausübung ihres Gewerbes keinerlei Kapital benötigen, kann die Gesellschaft ohne Einlagen geführt werden, jedoch muss zumindest die Hafteinlage (Haftsumme) des Kommanditisten im Gesellschaftsvertrag festgelegt werden.

Gegenstand der Gesellschaft

Die KG ist auf den Betrieb eines Handelsgewerbes gerichtet. Ein Handelsgewerbe ist jeder vollkaufmännische Gewerbebetrieb unter Ausschluss freiberuflicher, wissenschaftlicher und künstlerischer Tätigkeit. Die Gesellschafter müssen demnach einen konkreten Tätigkeitsrahmen (wie bei der GmbH), der sich innerhalb der gesetzlichen Bestimmungen befindet, festlegen.

6.1 Vorteile der Ltd. & Co. KG

Einfaches Handling

Eine GmbH erfordert bei jeder Änderung die Beauftragung eines Notars und entsprechende Bekanntmachungen im Handelsregister bzw. Bundesanzeiger. Änderungen bei der Limited Company können – ohne Notar – schnell und einfach erfolgen.

Einfache Berichtspflichten und geringe Folgekosten

Die englische Limited Company hat als „non trading company" ausschließlich die Funktion des persönlich haftenden Gesellschafters und somit vereinfachte Berichtspflichten. Da die Limited als Komplementärin keine signifikanten Umsätze tätigt, hat sie nach England zum Companies House lediglich einen so genannten Dormant Company Account einzureichen. Ein einfaches Formblatt mit dem lediglich erklärt wird, dass die Gesellschaft „schläft"; jedenfalls keinem echten Geschäftsbetrieb im Sinne eines Gewerbes nachgeht.

Einsatzbereiche

Umwandlung persönlich haftender Gesellschaften, wie GbR, OHG und KG. Neugründungen, Betriebsaufspaltungen, wie z.B. die anzuratende Schaffung einer Vermögensgesellschaft und einer operativ tätigen Gesellschaft, sind mit der Ltd. & Co. KG schnell, preiswert und steueroptimiert zu realisieren.

Weitere Vorteile:

- Freie Wahl der Kommanditeinlage.
- Bessere Bonität bei Banken und Lieferanten.
- Erscheinungsbild durch Handelsregisternummer.
- Höheres Ansehen als der Einzelunternehmer.
- Eine Eintragung des Komplementärs in das deutsche Handelsregister ist nicht notwendig.
- KG – Vertrag wird nicht beim Handelsregister hinterlegt und kann jederzeit problemlos geändert werden.
- Einfache Kapitalbeschaffung durch stille Gesellschafter oder neue Kommanditisten.

6.2 Die Gründung der Ltd. & Co. KG

Die Gründung erfolgt in drei Schritten:

1.) Gründung der Limited Company und Eintragung in das englische Handelsregister

2.) Ausfertigung des KG-Vertrages

Die KG wird durch den Abschluss eines Gesellschaftsvertrages zwischen den beteiligten Gesellschaftern gegründet. Der Gesellschaftervertrag ist formfrei, sollte zweckmäßigerweise schriftlich verfasst werden.

Der Gesellschaftervertrag muss folgende Mindestinhalte haben:

- Vereinbarung eines gemeinsamen Zwecks, zu dessen Förderung sich die Gesellschafter verpflichtet haben
- Gemeinschaftliche Firma, unter der das Handelsgewerbe betrieben werden soll
- Nennung der Person des Komplementärs sowie des Kommanditisten
- Höhe der Einlage, auf die die Haftung des Kommanditisten beschränkt ist

Ferner sollte der Gesellschaftsvertrag ggf. Regelungen über die Geschäftsführung oder Vertretungsbefugnis, die Kündigung und das Ausscheiden eines Gesellschafters, Entnahmen, eingebrachte Sachen, Grundstücke sowie auch ggf. eine Schiedsgerichtsklausel enthalten. Jedoch ist zu beachten, dass dann der Gesellschaftsvertrag ausnahmsweise formbedürftig ist, wenn ein Gesellschafter darin eine Verpflichtung übernimmt (bspw. ein Grundstück wird in die Gesellschaft eingebracht), die nur in bestimmter Form übernommen werden kann.

3.) Eintragung der Ltd. & Co. KG in das deutsche Handelsregister und Gewerbeanmeldung

Die Firma der Gesellschaft ist vor oder unverzüglich nach Beginn der Geschäftstätigkeit von sämtlichen Gesellschaftern – Kommanditist und Komplementär – zum Handelsregister anzumelden. Die Anmeldung muss die Namen der Gesellschafter – inkl. Adresse, Geburtsdatum –, die Firma und deren Sitz, Zeitpunkt der Entstehung der Gesellschaft, Höhe der Einlage des Kommanditisten, ggf. Abweichungen von den Vertretungsverhältnissen sowie den Geschäftszweig enthalten und von einem Notar beglaubigt werden.

Zu beachten ist unbedingt, dass für die Ltd. & Co. KG die Haftungsbeschränkung erst mit vollzogener Handelsregisteranmeldung greift, sofern nicht schon von Beginn an ein in vollkaufmännischen Umfang geführter Geschäftsbetrieb vorliegt.

Hat die Komplementärs-Ltd. ihren Sitz im Registerbezirk der Ltd. & Co. KG ist zu beachten, dass sich die Firma der Komplementärs-Ltd. hinreichend deutlich von der Firma der Ltd. & Co. KG unterscheidet. Die Bezeichnung der Rechtsform – Limited – genügt hierfür nicht. Jedoch kann die Firma der Limited zur Vereinfachung einen Zusatz wie „Geschäftsführungs-“, oder „Verwaltungs-“ o.Ä. tragen. Dieser Zusatz kann in der Firma der KG als irreführend weggelassen werden, wenn diese einen anderen Gesellschaftszweck verfolgt.

6.3 Die Führung der Ltd. & Co. KG

6.3.1 Geschäftsführung und die Vertretung der KG

Die Geschäftsführung und die Vertretung der Gesellschaft nach außen erfolgt durch die Komplementäre nach den Grundsätzen, die auch für die Gesellschafter der OHG gelten, nämlich:

Grundsatz: „Einzelvertretungsmacht“ eines jeden Komplementärs

Grundsätzlich ist jeder Komplementär zur Geschäftsführung und zur Vertretung der Gesellschaft berufen. Jeder Komplementär kann dann ohne Mitwirkung der anderen wirksam im Namen der KG handeln. Der Umfang erstreckt sich auf alle gerichtlichen und außergerichtlichen Rechtshandlungen, wobei zu beachten ist, dass lediglich Verkehrsgeschäfte von den außergerichtlichen Rechtshandlungen umfasst sind. Somit sind Grundlagengeschäfte, die das Organisationsverhältnis der Gesellschaft betreffen, wie bspw. die Änderung der Firma, Aufnahme eines neuen Gesellschafters, Übertragung des gesamten Gesellschaftsvermögens an einen Dritten, von der „Einzelvertretungsmacht“ ausgeschlossen.

Ausnahme

Im Gesellschaftervertrag kann jedoch die gesetzlich normierte „Einzelvertretungsmacht“ eines jeden Komplementärs abweichend geregelt werden. Zu beachten ist jedoch, dass lediglich der Ausschluss einzelner – nicht aller! – Komplementäre von der Geschäftsführung sowie von der Vertretung der Gesellschaft zulässig ist.

Demnach kann „Gesamtvertretung“ durch mehrere oder alle Komplementäre oder aber „gemischte Gesamtvertretung“, d.h. ein Gesellschafter kann nur zusammen mit einem von der Gesellschaft ernannten Prokuristen handeln, im Gesellschaftsvertrag vereinbart werden.

Ist diese Vereinbarung ordnungsgemäß ins Handelsregister eingetragen und bekannt gemacht worden, so ist das Geschäft nur eines einzigen Komplementärs unwirksam, sofern es nicht genehmigt worden ist.

Befugnisse des Kommanditisten

Die Kommanditisten sind von der Führung der Geschäfte der Gesellschaft ausgeschlossen. Sie können einer Handlung der Komplementäre nicht widersprechen, es sei denn, dass die Handlung über den gewöhnlichen Betrieb des Handelsgewerbes der Gesellschaft hinausgeht, also außergewöhnliche Geschäfte darstellt.

Der Gesellschaftsvertrag kann hiervon abweichen und dem Kommanditisten Geschäftsführungsrechte, nicht aber die Vertretungsmacht, verleihen. Soll der Kommanditist die Gesellschaft auch vertreten dürfen, so kann man ihm Prokura erteilen. Auch dies müsste im Gesellschaftsvertrag separat festgelegt werden.

Der Kommanditist hat weiterhin ein Kontrollrecht, d.h. er ist berechtigt, den Jahresabschluss unter Einsicht der Bücher und Papiere zu prüfen.

Beirat

Der Gesellschaftsvertrag der KG kann einen Beirat vorsehen. Kompetenzen des Beirats sind die Kontrolle und Beratung der geschäftsführenden Gesellschafter sowie die Entscheidung über Maßnahmen, bei denen den geschäftsführenden Gesellschaftern die Entscheidungsgewalt entzogen worden ist. In Betracht kommt die Einsetzung eines Beirates i.d.R. nur dann, wenn die Geschäftsführung einem einzelnen Gesellschafter obliegt oder eine Patt-Situation lösen soll.

6.3.2 Haftung der Gesellschafter für Gesellschaftsverbindlichkeiten

- *Komplementär*

Die Komplementäre haften den Gläubigern persönlich und gesamtschuldnerisch für die Verbindlichkeiten der Gesellschaft. Der Gläubiger kann die Leistung nach seinem Belieben ganz oder zum Teil von jedem Komplementär fordern, bis sie vollständig erfüllt ist. Die Haftung für Gesellschaftsverbindlichkeiten kann nicht innerhalb des Gesellschaftsvertrages gegenüber Dritten ausgeschlossen oder begrenzt werden, lediglich im Innenverhältnis, also unter den Gesellschaftern. Wer sich an einer KG beteiligt, haftet für die zum Zeitpunkt des Eintritts bestehenden Schulden. Ausgeschiedene Gesellschafter müssen noch bis 5 Jahre nach dem Austritt für die zu diesem Zeitpunkt bestehenden Verbindlichkeiten haften.

- *Kommanditist*

Der Kommanditist haftet den Gläubigern der Gesellschaft grundsätzlich nur beschränkt nach Maßgabe der in das Handelsregister eingetragenen Haftungssumme unmittelbar, solange er die Einlage noch nicht an die Gesellschaft geleistet hat. Hat der Kommanditist die Einlage geleistet und ist die KG in das Handelregister eingetragen, ist die unmittelbare Haftung ausgeschlossen (ähnlich der Haftung der Gesellschafter einer GmbH).

Eine Ausnahme besteht dann, wenn eine noch nicht im Handelsregister eingetragene Kommanditgesellschaft ihre Geschäfte mit Zustimmung des Kommanditisten bereits vor Eintragung ins Handelsregister begonnen hat. In diesem Fall haftet der Kommanditist unbeschränkt wie der Komplementär.

6.3.3 Buchführung und Jahresabschluss

Die Ltd. & Co. KG ist eine sog. Mischrechtsform, daher muss für beide Gesellschaften – einerseits die Limited und andererseits die KG – jeweils ein eigenständiger Jahresabschluss erstellt werden. Dabei hat die Komplementärs-Ltd. nach den Rechnungslegungsvorschriften für Kapitalgesellschaften und die Kommanditgesellschaft nach denen für Personengesellschaften zu bilanzieren und ggf. sind die Jahresabschlüsse prüfen zu lassen und zu publizieren.

Die KG ist kraft Gesetzes Vollkaufmann und somit verpflichtet, Bücher zu führen. Die Buchführung muss so beschaffen sein, dass sie sachverständigen Dritten innerhalb angemessener Zeit einen Überblick über die Geschäftsvorfälle und über die Lage des Unternehmens vermitteln kann.

Die KG hat zu Beginn ihrer gewerblichen Tätigkeit und für den Schluss eines jeden Geschäftsjahres (Dauer im Gesellschaftsvertrag festgelegt, darf allerdings 12 Monate nicht überschreiten) einen Jahresabschluss aufzustellen. Aus der Abschlussbilanz muss das Verhältnis des Vermögens zu den Schulden der KG ersichtlich sein. Ferner ist für den Schluss eines jeden Geschäftsjahres eine Gewinn- und Verlustrechnung aufzustellen. Der Jahresabschluss ist von den geschäftsführenden Gesellschaftern unter Angabe des Datums zu unterzeichnen. Der Jahresabschluss hat unter Beachtung der Grundsätze ordnungsgemäßer Buchführung ein den tatsächlichen Verhältnissen entsprechendes Bild der Vermögens-, Finanz- und Ertragslage zu enthalten. Der Umfang des Jahresabschlusses und die Publizitätspflichten richten sich nach der Größe der Gesellschaft.

6.3.4 Auflösung der KG

Es ist zwischen Auflösung und Beendigung der KG zu unterscheiden. Die Auflösung führt noch nicht zur Beendigung der Gesellschaft, vielmehr schließt sich die Abwicklung (Liquidation) an, deren Ziel es ist, die Gesellschaftsgläubiger zu befriedigen, das verbleibende Vermögen unter den Gesellschaftern zu verteilen sowie die Löschung der Gesellschaft aus dem Handelsregister vorzunehmen. Nachfolgende Ereignisse führen zur Auflösung:

- Beschluss der Gesellschafter
- Ablauf der im Gesellschaftsvertrag vereinbarten Gesellschaftszeit
- Eröffnung des Insolvenzverfahrens entweder über das Gesellschaftsvermögen bzw. wenn der Antrag mangels Masse abgewiesen wurde
- Gerichtliche Entscheidung

Nicht gesetzlich geregelt ist der Fall, wenn der letzte Komplementär oder Kommanditist ausscheidet. Bleiben nur noch Komplementäre übrig, so wird die Gesellschaft eine OHG, da alle noch verbliebenen Gesellschafter mitunternehmerisch mit unbeschränkter Haftung beteiligt sind. Bleiben nur noch Kommanditisten übrig, so wird die Gesellschaft, aufgrund der Stellung der Kommanditisten, eine aufgelöste Kommanditgesellschaft.

Die Beendigung der Gesellschaft führt zu deren Erlöschen, die Gesellschaft existiert nicht mehr. Dies setzt voraus, dass die Gesellschaft entweder aus dem Handelsregister gelöscht worden ist oder die Gesellschaft in eine andere Rechtsform umgewandelt worden oder mit einer anderen Gesellschaft verschmolzen worden ist.

6.3.5 Besteuerung

Grundsätzlich wird die Ltd. & Co. KG wie eine normale Personengesellschaft (OHG, KG) besteuert, wobei u.a. folgende Besonderheit zu beachten ist.

Da der persönlich haftende Gesellschafter eine Kapitalgesellschaft ist, unterliegt er mit seinen auf ihn entfallenden Gewinnanteilen und der etwaigen zusätzlichen Vergütung für die Geschäftsführung der Gewerbesteuer und der Körperschaftsteuer.

Vorteil:

- Faktische Begrenzung der Haftung des Komplementärs aufgrund seiner Rechtsform
- Geschäftsführung und Vertretung der Gesellschaft durch Kommanditisten oder durch eine fremde Person möglich
- Wie die GmbH & Co. KG ist die Limited & Co. KG eine Personengesellschaft, deren Vollhafter eine Kapitalgesellschaft ist. Damit werden die Vorteile der Haftungsbegrenzung erreicht. Mit der GmbH als Vollhafter ist das Haftungsrisiko auf deren gezeichnetes Kapital beschränkt. Da die Limited ein noch deutlich niedrigeres Stammkapital als die GmbH vorweisen muss, kann die Haftung mit der Limited als Vollhafter damit noch ein Stück mehr beschränkt werden.

Einkommensteuer

Die KG unterliegt als Personengesellschaft nicht der Einkommensbesteuerung. Steuerpflichtig sind die einzelnen Gesellschafter, sofern es sich bei diesen um natürliche Personen handelt.

Gewerbesteuer

Betreibt die KG ein gewerbliches Unternehmen und sind die Gesellschafter Mitunternehmer, so ist das Unternehmen ein einheitlicher Gewerbebetrieb und unterliegt der Gewerbesteuer. Die Bemessungsgrundlage für die Gewerbesteuer ist der Gewerbeertrag, der sich aus bestimmten gewerbesteuerlichen Modifikationen des Gewinnes berechnet. Der ermittelte Gewerbeertrag ist auf volle 100 € nach unten abzurunden. Von dem abgerundeten Gewerbeertrag ist ein Freibetrag i.H.v. 24.500,00 € abzuziehen. Für den übrig gebliebenen Betrag wird in Stufen von jeweils 12.000,00 € der Messbetrag prozentual erhöht. Der so errechnete Betrag ist die Gewerbesteuerschuld. Die Gewerbesteuer kann im Rahmen der steuerlichen Gewinnermittlung als Betriebsausgabe abgezogen werden.

Steuerlich werden bei der Limited & Co. KG zwei Steuerpflichtige beim Finanzamt geführt: Die Limited als Kapitalgesellschaft und die KG als Personengesellschaft. Für den mit der GmbH & Co. KG vertrauten Unternehmer und Berater ist dies alles bekannt, da die steuerliche Behandlung identisch ist. Die Gründe, warum eine Limited & Co. KG die richtige Rechtsform für ein Unternehmen sein kann, sind insoweit mit den Gründen für die Wahl der GmbH & Co. KG deckungsgleich.

Ein Beispiel für die Vorteile der Limited & Co. KG gegenüber der Limited oder der GmbH liegt in der Besteuerung. Zwar ist die Steuer in der Kapitalgesellschaft zunächst günstiger (Körperschaftsteuer 25% (15% ab 2008), zzgl. Solidaritätszuschlag, zzgl. Gewerbesteuer). Da jedoch bei Ausschüttung der Gewinne an die Anteilseigner seit Abschaffung des Anrechnungsverfahrens partiell eine Doppelbesteuerung eintritt, wenn auch abgemildert durch das „Halbeinkünfteverfahren", ist die Besteuerung in der Kapitalgesellschaft tendenziell höher als in der Personengesellschaft, zumal dort im Gegensatz zur Kapitalgesellschaft noch der zusätzliche Effekt der Steuerermäßigung aufgrund der Gewerbesteueranrechnung zum Tragen kommt.

Steuerlich nachteilig kann die Limited & Co. KG so lange sein, wie Gewinne nicht ausgeschüttet, sondern thesauriert werden. In dieser Phase treten Liquiditätsvorteile der Limited gegenüber der Limited & Co. KG auf.

Ein weiterer Aspekt bei der Beurteilung der Rechtsformwahl ist die Besteuerung beim Verkauf bzw. Erwerb von Anteilen. Gewinne aus der Veräußerung von Kapitalgesellschaften sind z.B. zu 95% steuerfrei, wenn die Anteile bisher von einer anderen Kapitalgesellschaft gehalten wurden. Werden die Anteile von natürlichen Personen gehalten, unterliegen die Verkäufe dem Halbeinkünfteverfahren. Dies ist zunächst ein klarer Vorteil der Limited gegenüber der Limited & Co. KG. Allerdings nur aus Sicht des Veräußerers. Der Erwerber kann jedoch die gezahlten Anschaffungskosten beim Erwerb von Anteilen an einer Kapitalgesellschaft i.d.R. erst steuerlich verwerten, wenn die Anteile wieder von ihm selbst veräußert werden. Dagegen sind Kosten des Erwerbs von Anteilen an einer Limited & Co. KG Anschaffungskosten, die im Rahmen von Sonderbilanzen beim Gesellschafter als Abschreibungen steuermindernd berücksichtigt werden können.

7. Internationale Steuerplanung für Unternehmen

Viele Firmen in Deutschland überdenken, ob Sie das Unternehmen in steuerlich günstigere Länder legen. Allen voran Österreich, England und Irland.

Die Steuerbelastung kann „allgemein als negativer Zielbeitrag bei der Entfaltung ökonomischer Aktivitäten angesehen werden".[124] Für unternehmerische Entscheidungen sind daher Steuern wie die Kostenfaktoren Produktionskosten und Personalkosten zu sehen, da Steuern einen Kostenaufwand darstellen. „Tax Management" bildet einen wichtigen Baustein in der unternehmerischen Steuerplanung. Der Bundesfinanzhof hat das Streben nach Steuervermeidung grundsätzlich anerkannt.

Neben der grundsätzlichen Bejahung der Steuervermeidung steht dem gegenüber die Steuerhinterziehung konträr. „Die Einhaltung der Legalität stellt das oberste Gebot der internationalen Steuerplanung dar und bildet den durch die Steuerplanung auszufüllenden Gestaltungsrahmen".[125] Der EuGH definiert Steuerhinterziehung oder Steuerumgehung für den Fall, dass der Umstrukturierungsvorgang nicht auf vernünftigen wirtschaftlichen Gründen beruht. Im deutschen Steuerrecht liegt bei der Anwendung der EuGH-Richtlinie nur der Tatbestand einer strafrechtlich nicht relevanten Steuerumgehung vor. Nach dem § 370 AO liegt dann eine Steuerhinterziehung vor, wenn der Steuerpflichtige vorsätzlich unrichtige oder unvollständige Angaben macht, oder die Finanzbehörde pflichtwidrig über steuerlich erhebliche Tatsachen in Unkenntnis lässt und dadurch Steuern verkürzt.[126] Neben Geldstrafen kann es Freiheitsstrafen von bis zu 10 Jahren nach sich ziehen.[127]

Unternehmen, die versuchen internationale Steuerplanung (Tax-Management) zu nutzen, wird oftmals sozial schädigendes Verhalten dergestalt unterstellt, „dass sie einen Teil des für die Erfüllung der staatlichen Aufgaben erforderlichen Steueraufkommens entziehen".[128]

Prominentes Beispiel war in 2003 insbesondere Infineon, die mit einem Holdingwechsel in die Schweiz gedroht hatte. Tagelang wurde Infineon in der Presse angeprangert. Allerdings aus Sicht der Unternehmen zu Unrecht. Steuern stellen einen Aufwand dar, den es gilt mit legalen Gestaltungsmaßnahmen zu mindern.

Insbesondere wirkt sich die Steuerplanung auf die internationale Wettbewerbsfähigkeit des Unternehmens aus. Können ausländische Wettbewerbsunternehmen günstigere steuerliche Gestaltungsmöglichkeiten nutzen, ergibt sich für das inländische Unternehmen ein Wettbewerbsnachteil, welches sich mittel- und langfristig auf die Existenz des Unternehmens auswirkt. Eine hohe Wettbewerbsfähigkeit hingegen sichert die Existenz und somit die Arbeitsplätze der Unternehmen im internationalen Wettbewerb.

BFH-Beschluss v. 20.05.1997 VIII B 108/96

„Kein Steuerpflichtiger ist verpflichtet, den Sachverhalt so zu gestalten, dass ein Steueranspruch entsteht. Vielmehr steht es ihm frei, die Steuer zu vermeiden und eine Gestaltung zu wählen, die eine geringere Steuerbelastung nach sich zieht. Eine so genannte Steuervermeidung bleibt folgenlos."

---

124 Vgl. *Grotherr*, Handbuch der internationalen Steuerplanung, Seite 5.
125 Vgl. *Grotherr*, Handbuch der internationalen Steuerplanung, Seite 9.
126 *Grotherr*, Handbuch der internationalen Steuerplanung, page 9.
127 § 370 AO.
128 *Grotherr*, Handbuch der internationalen Steuerplanung, page 26.

Zur Vermeidung von Doppelbesteuerung und zur „Verhinderung der Steuerverkürzung"[129] gelten zwischen der Bundesrepublik Deutschland und dem Vereinigten Königreich Großbritannien und Nordirland das unterzeichnete Doppelbesteuerungsabkommen (DBA) vom 26.11.1964 und das Revisionsprotokoll vom 16.02.1971.

Das Doppelbesteuerungsabkommen (DBA) sieht u.a. vor, dass die Unternehmensgewinne dort zu versteuern sind, wo eine Betriebsstätte liegt.

Hat ein Unternehmen neben dem Hauptsitz London eine Betriebsstätte in Frankfurt, so werden die Gewinne, die der Betriebsstätte Frankfurt zuzuordnen sind, in Deutschland versteuert. Besondere Bedeutung kommt daher Verrechungspreisen zu.

7.1 Aufklärungspflicht bei Auslandsaktivitäten

Für den Steuerpflichtigen ergeben sich erhöhte Mitwirkungs- und Aufklärungspflichten bei Auslandsaktivitäten. Dies ist besonders dann notwendig, wenn Unternehmer daran denken 2–3 Mal mit „Ryanair" nach London zu fliegen und damit eine englischen Betriebsstätte begründen wollen.

Jeder Steuerpflichtige ist gemäß § 90 Abs 1 AO verpflichtet, wahrheitsgemäß und vollständig steuerrelevante Sachverhalte offen zu legen. Hat der Steuerpflichtige hingegen Auslandsaktivitäten, ist er nach § 90 Abs 2 AO zu einer erhöhten Mitwirkung verpflichtet, da die Ermittlungsmöglichkeiten der Finanzverwaltung erheblich eingeschränkt sind.[130]

Eine besondere Mitwirkungspflicht gilt bei Geschäftsbeziehungen zu Niedrigsteuerländern (§ 16 AStG).

Nach § 88 AO haben Steuerpflichtige die ausschließliche Verpflichtung den Sachverhalt aufzuklären, da die amtliche Ermittlungspflicht wegfällt. Darüber hinaus ist der Steuerpflichtige beweispflichtig.

Bei Verletzung der Mitwirkungspflichten ist die Finanzbehörde nach § 162 AO zur Schätzung berechtigt und verpflichtet. Ein Verstoß gegen die Meldepflicht ist nach § 138 Abs 2 AO und im Fall der vorsätzlichen oder leichtfertigen Verletzung in § 379 Abs 2 Nr 1 und Abs 4 AO mit einem Bußgeld von € 5.000 bedroht.[131]

Besondere Anzeigepflicht gilt bei Einreichung der Steuererklärung nach § 138 Abs 2 AO bei:

- Gründung und Erwerb von Betrieben/Betriebsgesellschaften im Ausland
- Beteiligung an ausländischen Personengesellschaften
- Erwerb von Beteiligung an ausländischen Gesellschaften von **unmittelbar** mehr als 10% bzw. **mittelbar** bei mehr als 25%.

Besondere Mitwirkungspflicht gem. § 16 AStG bei Gläubigern und Zahlungsempfängern in einem Niedrigsteuerland (mit keiner oder nur unwesentlicher Besteuerung):

- Offenlegung aller Beziehungen, die unmittelbar oder mittelbar zwischen dem Steuerpflichtigen und der Gesellschaft, Person oder Personengesellschaft bestehen oder bestanden haben
- Auf Verlangen des Finanzamtes ist über die Auskünfte eine Versicherung an Eides statt abzugeben

---

129 Bundesgesetzblatt, 1971, Revisionsprotokoll des DBA.

130 Anm. der Autoren: In Gesprächen wurde von Finanzbehörden allerdings mitgeteilt, dass die Zusammenarbeit mit anderen Behörden innerhalb Europa schon gut funktioniert.

131 Vgl. *Kresse/Leuz*, Internationale Rechnungslegung – Internationales Steuerrecht, Seite 234.

Besondere Sachverhaltsaufklärung nach § 17 AStG bei zwischengeschalteten Gesellschaften (§ 5 AStG), Beteiligungen an ausländischen Zwischengesellschaften (§§ 7 ff AStG) und Familiengesellschaften (§ 15 AStG):

- Offenbarung der Geschäftsbeziehungen
- Vorlegung sachdienlicher Unterlagen (auf Verlangen auch geprüfte Jahresabschlüsse)

7.2 Anerkennung der Betriebsstätte

Die Anerkennung der Betriebsstätte ist von besonderer Bedeutung für Unternehmen. Nach § 12 AO ist die Betriebsstätte definiert als feste Geschäftseinrichtung, die der Tätigkeit eines Unternehmens dient. In seiner Rechtsprechung vom 10.02.1988 verweist der Bundesfinanzhof darauf, dass eine Betriebsstätte örtlich fixiert ist und das Unternehmen darin seine gewerbliche Tätigkeit ausüben muss. Ein wesentliches Abgrenzungskriterium ist zudem, dass der Unternehmer nicht nur vorübergehend eine Verfügungsmacht über die Einrichtung hat. Eine Betriebsstätte muss auf Dauer angelegt sein, dies ist gegeben, wenn die feste Geschäftseinrichtung länger als 6 Monate besteht.

Abgrenzungsfragen zwischen dem Stammhaus des Unternehmens und der Betriebsstätte sind steuerlich relevant, wenn beide in unterschiedlichen Gebieten liegen. Hier kann es bei strittigen Abgrenzungsfragen zu Aufteilungsproblemen bezüglich des Zugriffs auf das Steueraufkommen kommen. Von besonders hoher steuerlicher Relevanz sind Abgrenzungsfragen, falls die Betriebsstätte im Ausland liegt. Hier entscheidet das nationale Recht in Verbindung mit dem Abkommensrecht (Doppelbesteuerungsabkommen), ob eine Betriebsstätte vorliegt.[132]

Das OECD-Musterabkommen unterscheidet sich in der Definition gegenüber der AO.

Definition	Betriebsstätte bejaht	Betriebsstätte verneint
Unter Betriebsstätte ist eine feste Geschäftseinrichtung zu verstehen, durch die die Tätigkeit eines Unternehmens ganz oder teilweise ausgeübt wird.	- Ort der Leitung - Zweigniederlassung - Geschäftsstelle - Fabrikationsstätte - Werkstätte - Bauausführung oder Montage, wenn ihre Dauer 12 Monate überschreitet - Abhängiger ständiger Vertreter	- Einrichtungen, die ausschließlich zur Lagerung, Ausstellung oder Auslieferung von Gütern oder Waren des Unternehmens benutzt werden - Bestände von Gütern oder Waren des Unternehmens mit dem ausschließlichen Zweck, durch ein anderes Unternehmen bearbeitet oder verarbeitet zu werden - Eine feste Geschäftseinrichtung mit dem ausschließlichem Zweck, für das Unternehmen Güter oder Waren einzukaufen oder Informationen zu beschaffen - Eine feste Geschäftseinrichtung mit dem ausschließlichem Zweck, für das Unternehmen andere Tätigkeiten auszuüben, die vorbereitender Art sind oder eine Hilfstätigkeit darstellen

Abbildung 7: Betriebsstätte nach Art 5 OECD-Musterabkommen

[132] http://www.steuerlexikon-online.de/Betriebsstaette.html.

Nach der deutschen Rechtsprechung nach § 12 AO können allerdings auch Hilfs- und Nebentätigkeiten betriebsstättenbegründend wirken, deshalb lässt sich für die Betriebsstätte keine Mindestanforderung definieren. Einig ist sich allerdings die Literatur und Rechtsprechung über den Begriff „fest". Dieser Begriff definiert sich über den Platz der Geschäftsausübung, der räumlich begrenzt und örtliche fixiert ist. Allerdings sind auch hier nur geringe Anforderungen zu erfüllen. Nach höchstrichterlicher Rechtsprechung ist auch ein wöchentlicher Verkaufsstand am selben Platz „fest".[133]

Die Betriebsstätte muss nach der Neuformulierung des § 12 Satz 1 AO dem Unternehmen dienend sein. Die gewerbliche Tätigkeit die zur Betriebsstättenbegründung führt, richtet sich nach dem jeweiligen Unternehmensgegenstand. So kann es ausreichen, wenn die Tätigkeiten von Subunternehmern oder aber auch im Fall vollautomatisierter Einrichtungen – ohne jedes Personal durchgeführt werden. Eine Betriebsstättenbegründung allein durch einen Kundenauftrag ist möglich.[134]

7.2.1 Die Katalogbetriebsstätte

Immer mehr Unternehmen arbeiten virtuell an verschiedenen Orten und Plätzen. Die Betriebsstättendefinition ist mithin überholt.

Mit der Definitionserweiterung im § 12 Satz 2 AO wird mittlerweile nicht mehr notwendigerweise eine feste Geschäftseinrichtung als Betriebsstätte vorausgesetzt. Dies hat zur Folge, dass nach § 12 Satz 2 Nr 1 AO in jedem Fall der Ort der Geschäftsleitung als Betriebsstätte anzusehen ist. Damit gibt es zumindest immer eine Betriebsstätte. Im Fall der Gewinnabgrenzung wird dann die Betriebsstätte (Wohnort der Geschäftsleitung) mit einbezogen und ist abzugrenzen.

7.2.2 Betriebsstättenproblematik im E-Commerce

a) Server als Betriebsstätte

Das nachhaltige und überdurchschnittliche Wachstum im E-Commerce und die virtuelle Gestaltung der Geschäftsvorgänge erfordert Richtlinien, die auch die Betriebsstättenproblematik berücksichtigt.

Die OECD hat sich der Problematik angenommen und in Art 5 OECD-Musterabkommen festgestellt:

Keine „Server-Betriebsstätte" liegt vor, wenn:

Das Geschäft zwar über das Internet, allerdings auf herkömmlichem Wege abgeschlossen wird. Das Internet / der Server dient dann nur als Werbemedium („Offline-Leistung").

Eine „Server-Betriebsstätte" liegt vor, wenn:

Das Geschäft über den Internetserver nicht nur abgeschlossen, sondern auch über den Internetserver erfüllt wird. Durch z.B. den Downloadvorgang wird eine betriebsstättenbegründete Haupttätigkeit („Online-Leistung") ausgeführt.

Ein Internet-Server-Provider der die Informationen des Inhalteanbieters bereithält, begründet allerdings keine Betriebsstätte (Art 5 Abs 5 OECD-MA).[135]

---

[133] Vgl. *Grotherr*, Handbuch der internationalen Steuerplanung, Seite 36.
[134] Vgl. *Grotherr*, Handbuch der internationalen Steuerplanung, Seite 36.
[135] Vgl. *Müller/Reiser*, Handbuch der internationalen Steuerplanung, Seite 238.

E-Commerce Richtlinie in der EU

In der E-Commerce Richtlinie am 17.07.2000 wurde von der europäischen Union insbesondere in Art 1 Abs 5 eine Grundlage hinsichtlich ertragssteuerlicher Vorgaben ausdrücklich ausgeklammert.

E-Commerce Richtlinie in Deutschland

Nach der Verwaltungsanweisung der OFD Karlsruhe v. 11.11.1998, S. 130 A -St 332 soll eine Betriebstätte durch Installation eines Internetservers im Ausland nicht vorliegen.[136]

Nach einem Beschluss der Außensteuer-Referenten des Bundes und der Länder soll es sich bei der Installation eines Servers eines inländischen Unternehmens im Ausland nicht um eine Betriebsstätte handeln, sondern lediglich um vorbereitende Handlungen.

Es ist damit zu rechnen, dass die Finanzverwaltung verfügen könnte, dass die Verlagerung von Internet-Servern ins Ausland als Gestaltungsmissbrauch im Sinne des § 42 AO angesehen werden könnte. Insbesondere innerhalb der Europäischen Union könnte diese Verfügung gegen die europäische Niederlassungsfreiheit und somit dem Anwendungsvorrang des EU-Rechts zum Opfer fallen.[137]

Dass EU-Recht über nationalem Recht steht, zeigt sich insbesondere durch die Anerkennung der Limiteds in Europa.

Server als Betriebsstätte im Ausland als strategische Option

Wenn der Server als Betriebsstätte anerkannt würde und durch die Verlagerung des Servers in ein DBA-Land beispielsweise der Vertrieb darüber abgewickelt würde, hätte dies zur Folge, dass die Besteuerung im Ausland erfolgt.

Derzeit ist noch unklar, ob der gesamte Vertriebsgewinn oder nur die technische Bereitstellung des Servers der ausländischen Betriebsstätte zuzurechnen ist. Ist der gesamte Vertriebsgewinn zuzurechnen, hätte dies zur Folge, dass die komplette Besteuerung einem Hochsteuerland wie Deutschland entzogen werden kann.[138] „Insbesondere im Zeitalter des E-Commerce bietet die Begründung einer Server-Betriebsstätte auch für kleinere Unternehmen eine relativ einfache Möglichkeit zur Verlagerung von Einkünften zum Zwecke der Steuerersparnis".[139]

7.3 Gewinnaufteilung bei international tätigen Unternehmen

Die Gewinnermittlung internationaler tätiger Unternehmen erfolgt in Deutschland nach dem Erlass der Finanzverwaltung (Betriebsstättenerlass, BMF BStB1 I 1999, 1076). Ziel des Betriebsstättenerlasses ist es, den Gewinn des Gesamtunternehmens jeweils dem in-/ausländischen Stammhaus bzw. der aus-/inländischen Betriebsstätte zuzuordnen und zu besteuern. Wichtigster Grundsatz ist hierbei der Grundsatz des Fremdvergleichansatzes (Arms-Length-Principle). Innentransaktionen, die diesem Prinzip widersprechen, dürfen bei der Gewinnabrechnung nicht berücksichtig werden.

136 http://www.softwarerecht.de/seite13.htm.
137 Vgl. *Müller/Reiser*, Handbuch der internationalen Steuerplanung, Seite 239.
138 Vgl. *Müller/Reiser*, Handbuch der internationalen Steuerplanung, Seite 239.
139 Vgl. *Müller/Reiser*, Handbuch der internationalen Steuerplanung, Seite 241.

Gewinnabrechnung nach der direkten Methode

Bei der direkten Methode wird die Betriebsstätte wie ein eigenes Unternehmen behandelt (Art 7 Abs 2 OECD-MA, Tz 2.3.1 Betriebsstättenerlass). Hierbei werden die internen Transaktionen wie bei einem fremden Dritten behandelt (dealing-at-arms-length). Aufgrund eigenständiger Buchführung werden die Betriebseinnahmen und -ausgaben eindeutig dem Stammhaus oder der Betriebsstätte zugerechnet. Nicht eindeutig zurechenbare Transaktionen werden im Wege der Schätzung zugeteilt.[140]

Aufwands- und Ertragsaufteilung für nicht direkt zurechenbaren Kosten, wie z.B. allgemeine Verwaltungskosten, werden anteilig zugerechnet, wenn eine unmittelbare oder mittelbare betriebliche Veranlassung für die Kosten besteht. Der Zuordnung dieser Kosten „sollen die Erkenntnisse aus der betrieblichen Kostenrechnung zugrunde liegen“[141].

Gewinnabrechnung nach der indirekten Methode

Bei der indirekten Methode ist der Gesamtgewinn nach einem sachgerechten Schlüssel zwischen den verbundenen Unternehmen aufzuteilen, (Art 7 Abs 2 OECD-MA, Tz 2.3.2 Betriebsstättenerlass), welches „in der Praxis große Probleme bereitet“.

Prüfung eines Näheverhältnisses

Ob eine Voraussetzung zur Einkunftsabgrenzung überhaupt vorliegt, entscheidet das Näheverhältnis.

Ein Näheverhältnis von Geschäftsbeziehungen liegt vor bei:

- Kapitalgesellschaften und Ihren Gesellschaftern
- Bei wesentlicher Beteiligung § 1 Abs 2 Nr 1 AStG
- Bei beherrschendem Einfluss § 1 Abs 2 Nr 2 AStG, z.B. durch Beherrschungs- oder Gewinnabführungsverträgen im Sinne § 291 AktG
- Bei besonderen Einflussmöglichkeiten (z.B. über Zwischengesellschaften)
- Bei Interessenidentität (eigenes Interesse an Einkunftserzielung eines anderen § 1 Abs 2 Nr 2 AStG

7.4 Methoden zur Prüfung von Verrechnungspreisen

Nach den Verwaltungsgrundsätzen kommen 3 Standardmethoden in Betracht. Darüber hinaus ist „ein Ausgleich zwischen vorteilhaften und nachteiligen Geschäften eines Steuerpflichtigen mit Nahestehenden nur zulässig, wenn Fremde bei ihren Geschäften untereinander einen solchen Ausgleich vorgenommen hätten“[142].

7.4.1 Preisvergleichsmethode

Diese Methode vergleicht den Preis, den zwei Marktteilnehmer bei vergleichbaren Geschäften im Markt vereinbaren würden. Dazu dient entweder der Vergleich mit Marktpreisen (äußerer Preisvergleich) oder der Preis, den das Unternehmen mit Dritten vereinbart hat (innerer Preisvergleich).

---

[140] Vgl. *Kresse/Leuz*, Internationale Rechnungslegung – Internationales Steuerrecht, Seite 284.
[141] Vgl. *Kresse/Leuz*, Internationale Rechnungslegung – Internationales Steuerrecht, Seite 285.
[142] Vgl. *Kresse/Leuz*, Internationale Rechnungslegung – Internationales Steuerrecht, Seite 285.

7.4.2 Wiederverkaufspreismethode

Diese Methode geht vom Wiederverkaufspreis aus, den das Unternehmen erzielen kann. Dieser Marktpreis wird um den marktüblichen Abschlag (und unter Berücksichtung des Wiederverkäuferrisikos) eines Wiederverkäufers reduziert.

7.4.3 Kostenaufschlagsmethode

Diese Methode geht von den Herstellungskosten aus. Die Kosten werden nach Kalkulationsmethoden ermittelt, die das Unternehmen als Kalkulation auch bei Dritten zugrunde legt. Es werden dann betriebs- oder branchenübliche Gewinnzuschläge ermittelt.

8. Stimmen und Fallbeispiele aus der Limited-Praxis

8.1 Steuer

Durch die Gründung einer Limited entstehen weder steuerliche Vor- noch Nachteile gegenüber einer GmbH, da die Besteuerung nicht nur von der Rechtsform, sondern auch vom Verwaltungssitz, also der Steuerpflicht abhängig ist.[143]

Freiberufler, wie Rechtsanwälte, Steuerberater und Ärzte gelten nicht als Gewerbetreibende und unterliegen somit auch nicht der Gewerbesteuer. Für sie entstehen bei der Gründung einer Limited steuerliche Nachteile, da sie als Kapitalgesellschaft der Gewerbesteuer unterliegen würden. Aus steuerlicher Sicht wäre hier von der Gründung einer Limited abzuraten. Dennoch haben Freiberufler wie Rechtsanwälte und Steuerberater in den letzten Jahrzehnten Kapitalgesellschaften (GmbHs) gegründet.

Für Heinz Neubauer, Steuerberater,[144] ist die Limited „gründungs- und haftungsrechtlich flexibel und diesbezüglich unter dem Strich eine Vorteilgesellschaft gegenüber der GmbH. Im Übrigen schließen sich viele Freiberufler in Deutschland unter dem Mantel der GmbH zusammen und zwar in dem Wissen der daraus folgenden Gewerbesteuerpflicht. Warum? Weil die Haftungsbegrenzung wegen der zunehmend verschärften Rechtsprechung im Vordergrund steht. Also genau das, was man über die Limited einfacher bekommt. Allerdings: Leute, die die Haftung etwa zum Schaden von Gläubigern missbräuchlich umgehen wollen, sind (z.B. über die Durchgriffshaftung) bei der Limited ebenso rechtlich belangbar wie bei der GmbH".

8.2 Limited-Vorteil für den Existenzgründer

Rechtsanwalt Stefan Wilde, Köln: „Die Limited bietet insbesondere für den Existenzgründer einen erheblichen Vorteil. Oft fehlt es dem Existenzgründer an der für die Gründung einer deutschen GmbH erforderlichen Einlage. Folge ist: Der Existenzgründer beginnt seine Tätigkeit zunächst als Einzelunternehmer und trägt in der häufig entscheidenden und eher riskanten Gründungsphase die volle Haftung für das gegründete Unternehmen."

Diese dynamikhemmende Situation kann durch Einsatz einer Limited ohne die Hürde der sehr spürbaren Einlageleistungspflicht umgangen werden. Der Existenzgründer erlangt so ohne Zugangsbarriere eine Haftungsbegrenzung.

„Dass der Existenzgründer – wie jeder Unternehmer – die Insolvenztatbestände im Auge behalten muss, ist eine Selbstverständlichkeit. Dies kann der Limited nicht als Nachteil angerechnet werden".[145]

8.3 Bankenfinanzierung – keine Einschränkung für Limiteds

Wer ein Unternehmen gründet, muss in aller Regel zunächst investieren. Ob Maschinen, Büro- oder Geschäftsausstattung – eine Existenzgründung kostet Geld. Basel II hat

[143] Vgl. Kapitel 4.1.1.1 Körperschaftsteuerpflicht.
[144] Kanzlei Neubauer, Steuerberater-Unternehmensberatung, Steinbach.
[145] WILDE.Rechtsanwälte, Stefan Wilde, Köln.

die Kreditvergabepraxis von Banken beeinflusst und die Unternehmensfinanzierung ist sicherlich für KMU nicht leichter geworden. Ob die Rechtsform der GbR, GmbH oder Ltd. gewählt wurde, das Kürzel hinter dem Firmennamen spielt dabei faktisch keine Rolle.

Von Skeptikern hört man immer wieder hinsichtlich des geringen Haftungskapitals, dass mit der Rechtsform der Limited keine Kredite gewährt werden. Dabei kann sich jeder, der die GmbH mit der Limited vergleicht, verdeutlichen, dass, was für eine GmbH zutrifft, auch für die Limited gilt. Eine Limited ist eine Gesellschaft mit beschränkter Haftung, mit allen Rechten und Pflichten, wie sie auch eine GmbH zu erfüllen hat. Im Umkehrschluss könnte man also genauso gut formulieren: „Als GmbH bekommt der Unternehmer keine Kredite." Ob Limited oder GmbH – in beiden Fällen ist ein solcher Satz so nicht richtig. Im Hinblick auf die Kreditwürdigkeit begutachten Banken nicht die Gesellschaftsform, sondern das Geschäftsmodell und die Sicherheiten eines Unternehmens sowie seine Erfolgsaussichten am Markt.

Grundvoraussetzung ist die Bonität

Prof. Dr. Eric Frère, Professor für Finanzwirtschaft und Entrepreneurship in Essen, sieht die Bankfinanzierung auch zukünftig weiterhin als zentrale Finanzierungsquelle vor allem des Mittelstandes. „Dreh- und Angelpunkt bei der Kreditvergabe wird die Bonitätsprüfung im Rahmen eines internen Ratingprozesses der Bank sein". Rating definiert Frère so: „Ein Rating ist eine Aussage bzw. Benotung über die zukünftige Fähigkeit eines Unternehmens zur vollständigen und termingerechten Rückzahlung seiner Verbindlichkeiten mit dem Ziel der Ermittlung von Ausfallwahrscheinlichkeiten auf der Basis von Unternehmensanalysen."

Mit einfachen Worten – eine Unternehmensanalyse nimmt das Unternehmen und seine Geschäftsidee unter die Lupe. Dass Banken genauer hinschauen, liegt am gesteigerten Risikopotenzial, an der wirtschaftlichen Lage und den Insolvenzzahlen bei Unternehmen. Ob dem Firmennamen dabei ein „GmbH" oder ein „Ltd." angehängt ist, ist dabei noch nicht mal zweitrangig. Es ist überhaupt nicht von Bedeutung. Dies bestätigt u.a. auch Volksbank-Vorstand Walter Jaeger: „Die Limited hat es nicht schwerer, an einen Kredit zu kommen als eine GmbH."

Das A und O sind die Erfolgsaussichten der Geschäftsidee

Die Banken schauen sich Businesspläne an. Erfolgsaussichten am Markt und Sicherheiten sind wichtig, aber keine Buchstabenkombinationen wie GmbH, AG, LTD, OHG bei den Rechtsformen. Das bestätigt auch der Finanzexperte Jörg H. Fischer, Gast-Professor für „Financial Management" am Institut für Ökonomie und Management und selbst sieben Jahre Investmentbanker in London und Frankfurt, „Einen Nachteil bei der Bankenfinanzierung im Gegensatz zur klassischen GmbH und AG gibt es nicht. Auf eine Gesellschaftsform selbst gibt es schließlich keine Kredite. Entscheidend für die Vergabe von Krediten sind letztendlich Unternehmens- und Marktpotenziale. In Zeiten von Basel II entscheidet weniger die Gesellschaftsform als die Bilanz."

Die Rechtsform oder die gesetzlichen Kapitalerhaltungsregeln spielen bei der Kreditvergabe also keine Rolle. Ob GbR, GmbH oder Ltd. – Basel II gilt für alle, sogar für Privatpersonen. Leichtsinnig werden Kredite heutzutage in keinem Fall mehr vergeben.

8.4 Die Gestaltungsvariante „Limited“ als Chance begreifen

Unternehmensberatung empfiehlt Limited und saniert Unternehmen mit Hilfe von Banken

Natürlich ist die Limited kein Allheil-Konstrukt für jegliche Schieflage oder Aufgabenstellung in einem Unternehmen. Professionell eingesetzt bietet sie jedoch Chancen für viele Beteiligte.

Die Unternehmensberatung Roger Muell[146] – Bestwig –, betreut seit vielen Jahren Firmen, in denen ein betriebswirtschaftliches Ungleichgewicht vorliegt. Sollte eine Sanierung nicht realisierbar sein, bietet die Limited die preiswerteste Möglichkeit eines betrieblichen Neubeginns. Niemandem ist gedient, wenn sich ein Unternehmen endgültig vom Markt verabschiedet. Der Firmeninhaber, insbesondere in der Firmierung eines Einzelunternehmers, meldet in der Regel Insolvenz an, die Mitarbeiter melden sich arbeitslos (oft ohne berechtigte Hoffnung auf eine rasche Neueinstellung), die Gläubiger werden quotiert befriedigt, sofern Masse vorhanden ist.

Alle Protagonisten bleiben als Verlierer zurück. Die Hausbank trifft es in der Regel von allen Gläubigern am härtesten, da derzeit fast alle Sicherheiten (insbesondere Immobilien) dramatisch wertberichtigt werden müssen. Nicht selten ist der ehemalige Firmeninhaber (insbesondere Handwerker) gezwungen, Sozialhilfe zu beantragen, da er oftmals, trotz Meistertitel, aufgrund des Alters nicht mehr vermittelbar ist.

Zwei Beispiele aus der Praxis von 2004, wo vorgenannte Mechanismen gegriffen hätten, wenn die Hausbank Volksbank (VoBa) nicht nach einer sinnvollen Lösung gesucht hätte.

8.4.1 Dachdeckerbetrieb – Neustart nach der Insolvenz mit Hilfe der Volksbank

Ein Dachdeckermeister aus dem Sauerland (Name den Verfassern bekannt) musste aufgrund einer steuerlichen Fehlberatung Insolvenz anmelden. Nach Durchführung interner betrieblicher Veränderungen, Entwicklung eines Strategiekonzeptes und Einführung eines aktiven Marketings stimmte die VoBa einer Firmenneugründung zu. 4 Wochen intensiven Marketings folgten, so dass mehrere Architekten und diverse Großkunden als Neukunden gewonnen werden konnten.

Die VoBa übernahm die Anschubfinanzierung (Material, Personalkosten, allg. Betriebskosten, Kauf des benötigten Anlagevermögens aus der Insolvenzmasse) für die ersten 6 Wochen. Die Ehefrau des ehemaligen Einzelunternehmers gründete als 100% Gesellschafterin ein neues Unternehmen in Form der Limited, ihr Ehemann – im Besitz des Meistertitels – wurde zum Geschäftsführer bestellt. Nach 7 Monaten Geschäftstätigkeit kann die Umsatzrendite mit 22,64% als weit überdurchschnittlich bezeichnet werden. Alle ehemaligen Mitarbeiter werden mittlerweile wieder beschäftigt, für 2005 ist der erste Mitarbeiterausbau seit 7 Jahren geplant. Die Warenlieferungen aller Lie-

[146] Unternehmensberater Roger Muell (41), Bestwig (Sauerland), www.ub-rom.de, ist seit 18 Jahren in der Unternehmensberatung tätig. Auftraggeber sind Unternehmen und Banken, um mit seiner Hilfe Unternehmen zu retten oder einen Neuanfang zu starten. Banken reduzieren damit ihre Kreditausfälle. Unternehmer erhalten eine 2. Chance und können die Erfahrung als Unternehmer wieder nutzen und damit auch Arbeitsplätze schaffen.

feranten werden bar bezahlt, erstmals seit 16 Jahren werden Skonti ausgenutzt. Die Zwangsversteigerung der Immobilien (im Besitz der für das Einzelunternehmen mithaftenden Ehefrau) konnte vermieden werden.

8.4.2 Sanitärbetrieb – Neustart nach Fehlinvestition

Ein Einzelunternehmer aus dem Sauerland versuchte 4 Jahre den 6-stelligen Verlust aus einer geschäftlichen Fehlinvestition, in Form einer Bäderausstellung, mit seinem Sanitärbetrieb zu kompensieren. Der Kapitaldienst war trotz größter Anstrengungen nicht zu erbringen, die Insolvenz unvermeidbar.

Die VoBa beauftragte die Unternehmensberatung Roger Muell ein Konzept für eine Firmenneugründung zu erstellen. Durch kleinere Umstrukturierungen, insbesondere personeller Struktur ließ sich ein erfolgversprechendes, nachhaltiges Konzept darstellen. Die Ehefrau gründete als Alleingesellschafterin mit Ihrem Ehemann als Geschäftsführer eine Limited. Das benötigte Startkapital wurde unbürokratisch bereitgestellt, sodass der Geschäftsbetrieb innerhalb von 7 Tagen aufgenommen werden konnte. Die Mitarbeiterstärke wurde beibehalten, die Versteigerung des privaten Wohnhauses (der mithaftenden Ehefrau) vermieden, neue förderfähige Mitarbeiter wurden zusätzlich eingestellt, die Personalkosten verringert und die Produktivität deutlich erhöht. Die Umsatzrendite liegt weit über 20%, für September wird händeringend ein weiterer qualifizierter Monteur gesucht. Aufgrund der mittlerweile hervorragenden BWA (betriebswirtschaftliche Auswertung) konnte problemlos ein BMW der gehobenen Mittelklasse ohne Anzahlung bei BMW geleast werden.

8.4.3 Kreditfinanzierung gerade wegen der Limited

Was haben beide realen Fallbeispiele gemeinsam? In beiden Fällen wurden Firmendarlehen nicht aufgrund der Firmierung „Limited“ negativ bewertet. Im Gegenteil, beide Banken teilten im Gespräch mit, dass Sie nur dann Kredite gewähren können, wenn die persönliche Haftung gegenüber Dritten (Lieferanten, etc.) ausgeschlossen sei. Die Darlehen wurden auch hier selbstverständlich vom jeweiligen Alleingesellschafter selbstschuldnerisch verbürgt. Einer Firmenneugründung in Form z.B. einer GmbH hätte in der Kürze der Zeit nicht zugestimmt werden können, da erst mit vollzogener Eintragung in das deutsche Handelsregister die persönliche Haftungsfreistellung erwirkt worden wäre. Zudem hätte die Bank in beiden Fällen nicht noch die Finanzierung des Mindeststammkapitals der GmbH übernommen.

FAZIT der Sanierung:

In diesen beiden Firmen wurden 13 Arbeitsplätze gerettet, zwei Sozialhilfeempfänger-Familien weniger, keine Geldwertvernichtung durch Zwangsversteigerung von Immobilien. Dies ist ausschließlich der Offenheit der Volksbank-Mitarbeiter für konstruktive Lösungen im Sinne aller Betroffenen zu verdanken. Beide Firmen genießen mittlerweile wieder eine hervorragende Reputation in der Öffentlichkeit.

„Ein Unternehmer gilt als guter Kaufmann, wenn er das Unternehmerrisiko minimiert. Je weniger und kalkulierbarer die Risiken, desto sicherer das Unternehmen, desto sicherer die Arbeitsplätze! Dies genau erreicht er mit der Limited, zum Wohle seiner Mitarbeiter und aller Geschäftspartner.“

Roger Muell, Unternehmensberater

8.5 Fallbeispiele von Unternehmen

8.5.1 Höheres Ansehen – Reputationsgewinn

Wie positiv in diesem Zusammenhang die Private Limited Company im Vergleich zu einer Personengesellschaft wirkt, zeigt das Beispiel der Varrio System Limited.

Dieses Unternehmen vertreibt Verkaufsautomaten für diverse internationale Postunternehmen. Durch die Firmierung als Private Limited Company gelang es dem Unternehmen den Unternehmensumsatz innerhalb von drei Monaten derart zu erhöhen, dass dieser höher lag als in den gesamten drei Jahren zuvor.

Der Geschäftsführer Herr Uwe Nerlich führt dies ausschließlich auf den Wechsel von der Personengesellschaft zur Private Limited Company zurück. Durch diesen Wechsel wurde die Reputation des Unternehmens derart bei den potentiellen Kunden verbessert, dass diese wesentlich häufiger bereit waren, die Angebote der Varrio Systems Limited zu akzeptieren.

Dabei funktionierte die Private Limited Company als so genannter „Türöffner" bei den Kunden. Wo früher Gesprächs- und Kontaktaufnahmen abgelehnt wurden, zeigten potentielle Kunden nun Interesse und dem Unternehmen wurde die Möglichkeit eröffnet, seine Produkte vorzustellen.

Herr Nerlich begründet dies damit, dass die Gesellschaftsform Private Limited Company als Rechtsform einen international positiven Ruf hat und damit die Attribute einer hohen Reputation beinhaltet.[147]

8.5.2 Haftungsbefreiung

Bela-Tech Ltd.
Gründer Rechtsanwalt Christian Behn & Rechtsanwalt Arno Lampmann

„Wir betreuen Kunden aus Industrie und Handel und helfen ihnen, das Erfolgspotenzial der Verkaufsplattform eBay gewinnbringend zu nutzen, indem wir sowohl im kaufmännischen, als auch im juristischen Bereich beratend tätig sind (www.bela-tech.de). Zudem vertreiben wir selbst im eigenen Namen erfolgreich Produkte von namhaften Firmen über eBay. Aktuell haben wir Waren im Wert von mehr als 2 Millionen Euro auf dem Markt. Als Juristen wissen wir natürlich, dass darin auch ein großes Risiko liegt. Im Grunde ist es schon bei viel geringeren Summen gefährlich, jegliche Haftungsrisiken zu ignorieren. Der primäre Gewährleister ist schließlich immer der Verkäufer.

In unserem Fall sind alle Hersteller, deren Produkte wir vertreiben, ausnahmslos GmbHs oder Limiteds. In der gesamten Haftungskette waren wir die einzige Gesellschaft bürgerlichen Rechts (GbR). Keine guten Voraussetzungen für Geschäfte in dieser Größenordnung. Denn als GbR standen wir mit unserem kompletten Privatvermögen in der Haftung und riskierten im wahrsten Sinne des Wortes alles. Natürlich reicht man im Falle eines Falles eine Haftungsklage weiter an den Hersteller. Aber wenn ausgerechnet dann zum Beispiel die GmbH oder Limited insolvent sein sollte, steht man als persönlich haftender Gesellschafter da und hat keine Chance. Man muss zahlen. Dazu kommt – es geht ja nicht nur um mögliche direkte Mängel. Es gibt ja auch noch die so genannten Mangelfolgeschäden. Wer zum Beispiel einen DVD-Player verkauft, der wegen irgendeines Defektes einen Kurzschluss produziert und infolgedessen einen Brand auslöst, hat ziemlich schnell ein ziemlich großes Problem.

[147] Telefonkonferenz mit Herrn Uwe Nerlich.

Uns wurde auf jeden Fall die Sache plötzlich zu brenzlig. Man könnte sagen, es überfiel uns ein regelrechter Aktionismus – wir wollten unser Geschäft schnellstmöglich auf sicherere Füße stellen. Da war die Limited eine hervorragende Lösung. Wir haben auf der Website von go-limited.de online gegründet und ohne Probleme ging alles zügig seinen Gang. Wir sind wirklich sehr zufrieden. Seit der Gründung können wir wieder ruhiger schlafen. Und von noch größeren eBay-Umsätzen träumen ... ;-) „

8.5.3 Einfaches Gesellschaftsrecht – geringe Bürokratie

kartonagen.de Ltd.
Birthe E. Stuijts

„Als Niederländerin in Deutschland stehe ich der deutschen Bürokratie ohnehin manchmal fassungslos gegenüber. Das deutsche Gesellschaftsrecht ist mehr als kompliziert. Allein deshalb fiel es mir bei der Gesellschaftswahl wirklich nicht schwer, ‚tschüss Deutschland' zu sagen. Die Limited ist einfach eine Gesellschaftsform, die es jungen Unternehmen leicht macht, mit minimiertem, überschaubarem Risiko durchzustarten. Außerdem gefällt uns der innovative Charakter einer Limited und wir sind stolz, zu denen zu gehören, die bereits im ersten Jahr nach der Gesetzesnovelle gegründet haben. Schließlich ist kartonagen.de auch ein innovatives und modernes, aber auch seriöses Unternehmen. Warum das nicht durch das kleine Kürzel Ltd. nach außen demonstrieren?“

8.5.4 Limited als schneller, einfacher Weg der Gründung und Haftungsbeschränkung

maple park Limited
Jan-Peter Wahlmann

„Maple park habe ich zunächst als Einzelunternehmen, also als GbR gegründet. Vor allem wegen des Haftungsrisikos sollte sich das jedoch so schnell wie möglich ändern. Warum ich mich dabei für die Limited entschieden habe? Da gab es eigentlich für mich gar nichts zu überlegen. Maple park ist nicht mein erstes Unternehmen. Vorher hatte ich bereits einmal eine GmbH gegründet. Und ganz ehrlich – diesen Affentanz wollte ich nicht noch einmal erleben. Der bürokratische Aufwand, der in Deutschland bei einer GmbH-Gründung betrieben wird, ist doch einfach unglaublich. Bis da alles in trockenen Tüchern ist, das dauert. Dabei will man als Gründer doch nur eines: Loslegen und arbeiten. Und die Kosten waren auch heftig. Man hat noch keinen Cent verdient, soll aber erst mal Zigtausende hinblättern. Bei der Limited war das alles ganz anders. Es ging ruckzuck, wir haben mit einem Pfund Stammkapital gegründet und auch sonst waren die gesamten Gründungskosten viel niedriger. Der Notar hat zum Beispiel keine 30 Euro verlangt.

Vor der Gründung habe ich mich erkundigt – für unsere Kunden ist unsere gute Leistung wichtig. Die wollen die maple park-Qualität. Die Gesellschaftsform interessiert die überhaupt nicht. Auch für die Banken spielt es keine Rolle, welches Kürzel hinter dem Firmennamen steht. Dass die Limited einen schlechten Ruf haben soll, habe ich bisher einzig und allein von den IHKs gehört. Von niemandem sonst. Außerdem – maple park plant Dependancen im Ausland, vor allem auch in England. Da ist die Limited ohnehin die wesentlich bessere Wahl. Wer kennt schon im Ausland die GmbH?

Unsere Steuern zahlen wir übrigens in Deutschland – wir haben die Limited nicht als Steuersparmodell gegründet. Wir wollten einfach nur arbeiten. Mit größtmöglicher

Sicherheit und vor allem: Schnell. Die Limited-Gründung war kein Vergleich zu den Mauern, die wir seinerzeit bei der GmbH-Gründung vorgefunden haben."

8.5.5 Auslagern von Geschäftsrisiken

ContentMaxx Ltd.
Rolf Neijman

„Vor etlichen Jahren haben wir die e for e-commerce GmbH gegründet. Die e for e-commerce GmbH (www.eforecommerce.de) versteht sich als Agentur für klassische und neue Medien.

Wir sind darauf spezialisiert, unseren Kunden zu helfen, auch über das Internet hervorragende Ergebnisse zu erzielen, neue Kunden und Märkte aufzubauen und dabei die technische Infrastruktur des Internets mit seinem Potenzial der Kosteneinsparung zu nutzen. Als Agentur haben wir für über 700 Kunden unterschiedlicher Größe, wie britishairways.de, hotel-walhalla.de oder vblu.de arbeiten dürfen und haben umfangreiche Erfahrung auf diesem Gebiet.

Auch haben wir uns mit verschiedenen Marken als Software-Entwickler erfolgreich am Markt positionieren können. Allerdings wird für uns die Software-Entwicklung immer risikoreicher. Hintergrund: Es gibt mittlerweile so viele Patente, dass man mit der Marktbeobachtung schnell überfordert ist.

Vor allem seit der Urheberrechtsreform eine gefährliche Sache. Wenn sogar der allseits benutzte Fortschrittsbalken patentiert werden kann, finden wir das nicht mehr lustig und empfinden die rechtliche Situation mehr als einschränkend ...

Denn das Risiko, dass man irgendwas übersieht und – sei es auch nur wegen einer Kleinigkeit – verklagt wird, ist heutzutage sehr groß. Und so eine Klage kann für Unternehmen nicht nur teuer werden: Je nach Klage kann es sogar schnell das Aus bedeuten. Es wurde also Zeit, dass wir dieses Geschäftsrisiko auslagern.

Wir haben deshalb für verschiedene Produkte u.a. für unser Redaktionssystem ContentMaxx (www.contentmaxx.de) die ContentMaxx Ltd. gegründet.

Logischerweise kam eine weitere GmbH überhaupt nicht in Frage. Das bekannte GmbH-Procedere ist längst nicht mehr zeitgemäß und hat deshalb abgeschreckt.

Viel zu langwierig und umständlich. Und bevor eine GmbH-Gründung über die Bühne gegangen ist, können etliche Monate ins Land ziehen. Zeit, die wir uns nicht nehmen wollten. Deswegen haben wir nach einer Empfehlung eines unserer Kunden auch eine Limited gegründet. Und alles klappte wie angekündigt: Trotz „gesunder" Zweifel unsererseits, verlief alles sehr reibungslos und war nach wenigen Tagen in trockenen Tüchern. Es gibt Sie noch, die guten Erfahrungen!

Natürlich wurde ich öfters gefragt, warum ich eine Ltd. und keine weitere GmbH gegründet habe. Aber wie gesagt, es dauert einfach zu lang und ist zudem viel zu teuer. Wir haben ja bereits ein funktionierendes Unternehmen mit entsprechender Stammkapitaleinlage und wollen nicht für jede Auslagerung des Geschäftsrisikos erneut die GmbH-Stammeinlage zahlen müssen.

Dann doch lieber die Limited mit ihrer Möglichkeit, mit nur einem Pfund zu gründen. Das Endergebnis ist mit der anschließenden Registrierung im deutschen Handelsregister nicht nur seriös, sondern wir konnten sofort loslegen, bzw. ungebremst weiter machen und haben damit die kostengünstigste Möglichkeit genutzt, uns auf die sichere Seite zu manövrieren. Aus unternehmerischer Sicht für uns die einzig richtige Entscheidung."

8.6 „Limited“ boomt – Rechtsanwälte empfehlen Limited

Vor allem wegen des hohen Haftungsrisikos bei einer GbR raten immer mehr Rechtsanwälte zur Limited. Für Steuerberater und Rechtsanwalt Fritz Steffens aus Mainz, ist die Limited wegen der „unbürokratischen, kostengünstigen Gründung einer Kapitalgesellschaft, der Haftungsbeschränkung und der steuerlichen Möglichkeiten u.a. auch bei der privaten Altersvorsorge“ die beste Lösung. Und auch für seinen Kölner Kollegen Steffen Wilde bedeutet „die Entscheidung für eine Limited die Entscheidung für einen einfachen und kostengünstigen Weg zu einer vollwertigen und flexiblen Kapitalgesellschaft.“

Rechtsanwalt Günther Hantke beruhigt Skeptiker, die einen Missbrauch fürchten: „Nach einem Urteil des Amtsgerichts Hamburg ist so wie bei einer GmbH auch bei der Euro-GmbH bei Missbrauch die Durchgriffshaftung möglich. Das Urteil verhilft der innovativen Gesellschaftsform zu dem Ansehen, das sie verdient.“ Es wird deutlich, dass „eine Limited sich genau so wenig wie andere Gesellschaftsformen dazu eignet, sich rechtsmissbräuchlich im Handelsverkehr zu verhalten“, führt Rechtsanwalt Christoph Bieker weiter aus.

„Die Rechtslage ist eindeutig. Unternehmer können und sollten jetzt ihr Haftungsrisiko minimieren,“ empfiehlt Günther Hantke.

8.7 Steuervorteil mit der Limited Holding

Eine Holding einzusetzen ist nichts Neues. Kaum ein Großunternehmen welches nicht als Holding fungiert.

Unternehmer werden über die Möglichkeiten der Holding i.d.R. nicht von ihren Steuerberatern zu diesem Thema informiert und aufgeklärt. So bietet gerade die Holding einen Steuerkick im Rahmen eines Unternehmensverkaufs und bietet sofort eine Betriebsaufspaltung in Besitzgesellschaft (Holding) und der Betriebsgesellschaft (operativ tätiges Unternehmen). Die Limited als Holdingmutter bietet sich geradezu an, da es keine „Konzernhaftung“ gibt.

Steuerberater Jürgen Schwendemann „Mit der Limited können wir mit sehr geringen Mitteln Holding-Strukturen aufbauen, die bei späteren Verkäufen Steuerstundungs-Effekte bewirken, die sonst üblicherweise brach liegen. Der Verkauf der GmbH- oder Ltd.-Anteile unterliegt dem Halbeinkünfteverfahren. In der Holdingstruktur kommt jedoch zusätzlich die 95%ige Freistellung von Veräußerungsgewinnen in der ersten Ebene hinzu. Es macht schon einen erheblichen Unterschied, ob ein Unternehmer nach 10 Jahren aus seinem Unternehmensverkauf an seinen Nachfolger von beispielsweise1 Mio. Euro die Steuer nach Halbeinkünfteverfahren (ab 2008 25% Abgeltungssteuer) sofort zu zahlen hat, oder ob er den Gewinn in der Holding-Mutter **nur zu 5%** versteuern lassen muss.[148]

Wie funktioniert eine Holding?

Der Unternehmer gründet eine Gesellschaft und ist in dieser Gesellschafter und Geschäftsführer, z.B. die „Clever Limited“. Die Clever Limited gründet wiederum eine Gesellschaft die „ABC Handels Limited“ oder „ABC Handels GmbH“ und ist in dieser z.B. zu 100% Gesellschafter und setzt wiederum denselben Geschäftsführer ein. Neben

[148] www.go-limited.de/holding

dem Steuervorteil kommt hinzu, dass jetzt auch operativen Risiken von der Muttergesellschaft „Clever Limited" und „ABC Handels Limited" getrennt sind. Die Holding ist praktisch eine zwischen geschaltete Gesellschaft.

Rechenbeispiel im Verkaufsfall:

Der Unternehmer verkauft das Unternehmen für den Verkaufspreis von 1 Mio. Euro.

Unternehmensverkauf bei einem Einzelunternehmer

Folge: Der Verkauf ist voll steuerpflichtig. Der Unternehmer zahlt für Einkommensteuer und Solidaritätszuschlag 461 TEUR.

Freie Liquidität 539 TEUR

Unternehmensverkauf einer GmbH oder Limited

Folge: Es kommt das Halbeinkünfteverfahren zur Anwedung (ab 2008 Abgeltungssteuer von 25%). Es ist nur die Hälfte des Verkaufserlös steuerpflichtig, inkl. Soli beträgt dieser 240 TEUR.

Freie Liquidität 760 TEUR

Unternehmensverkauf einer GmbH oder Limited im Rahmen einer Holding

Folge:

Der Verkaufspreis fließt in die Holding (Clevere Limted). Vom Verkaufserlös sind 95% steuerfrei. D.h. nur 5% von 1 Mio. sind mit Körperschaftsteuer + Solidaritätszuschlag zu versteuern, das sind rund 13.000 Euro.

Erst mit der Ausschüttung aus der Holding kommt es zur privaten Besteuerung im Halbeinkünfteverfahren bzw. ab 2008 als Abgeltungssteuer. Alternativ dazu kann der Unternehmer sich auch eine lebenslange Rente bezahlen etc.

Der Unternehmer muss zwar wie bei dem direkten Verkauf der GmbH oder Limited auf privater Ebene denselben Betrag versteuern, dennoch bestimmt in dem Fall die Holding den Auszahlungszeitpunkt und damit den Versteuerungszeitpunkt. Die Zinsgewinne nutzt der Unternehmer im Rahmen der Holding.

Mit dem Geld in der Holding hat der Unternehmer auch die Möglichkeit in neue Unternehmen zu investieren. Erfreulicherweise aus nicht versteuertem Geld!

Freie Liquidität für die Holding 987 TEUR

9. Fazit

Das vorliegende Buch hat aufgezeigt, wie Unternehmer durch die neue europäische Rechtsprechung das flexible englische Gesellschaftsrecht nutzen können, um ihr Unternehmen in der Form einer britischen Private Limited Company unbürokratisch zu führen.

Das Haftungskapital der Limited kann frei gewählt werden. Der Unternehmer wird in seiner Eigenschaft, Entscheidungen zu treffen, nicht bevormundet.

Auch eventuelle Satzungsänderungen, die Aufnahme neuer Gesellschafter oder eine Kapitalerhöhung sind wesentlich unkomplizierter, weniger zeitintensiv und kostengünstiger als bei einer GmbH.

Das einfache Auslagern von der Limited Holding können Unternehmer sich die steuerlichen Vorteile zu Nutze machen, die Großunternehmen schon seit Jahren nutzen.

Betriebsrisiken schafft zusätzliche Sicherheit und in Zeiten globaler Märkte kann die Limited aufgrund ihres internationalen Bekanntheitsgrades ein guter Türöffner für den Einstieg ins internationale Geschäft sein.

Kurzum die Limited ist die „bessere GmbH"!

Bedingt durch das stark steigende Interesse und die Vielzahl an Limited-Gründungen im deutschsprachigen Raum seit dem Urteil des BGH hat diese Rechtsform auch eine zunehmende Beachtung in den Medien gefunden.

Dass die Berichterstattung hierbei nicht nur positiv verlief, sondern auch Skeptiker auf den Plan rief, liegt schlicht und ergreifend an der vielfach immer noch vorherrschenden Unkenntnis. (Die wesentlichen Behauptungen und die dazugehörigen Fakten haben wir für Sie in der Übersicht am Ende dieses Kapitels zusammengefasst)

Der weiterhin steigende Bekanntheitsgrad der Limited wird aber in absehbarer Zeit dazu führen, dass sich nicht nur Unternehmer, sondern auch Steuerberater und Rechtsanwälte dieser Thematik widmen werden müssen. Bisher empfehlen schon über 1.000 Rechtsanwälte, Steuerberater und Unternehmensberater die Limited.

Wir wünschen Ihnen mit der für Sie geeigneten Rechtsform viel Erfolg und gutes Gelingen.

Die britische Ltd. – Realitäten und Vorbehalte

	Limited Company	*Behauptungen*	*Antwort Go Ahead Limited*
Stammkapital	Ab 1 GB-Pfund (Die Führung in Pfund hat bei Änderungen in England Vorteile)	Geringes Stammkapital führe von der Gründung an zur Überschuldung der Gesellschaft und damit zur persönlichen Haftung. – angeblich schlechterer Ruf als GmbH	Eine Überschuldung ist durch ein niedriges Stammkapital nicht gegeben.

	Limited Company	*Behauptungen*	*Antwort Go Ahead Limited*
Kosten	Limiteds können ab 259 Euro im Internet geordert werden.	Die Ltd-Gründung sei im Vergleich zwar preiswerter, dafür fielen aber höhere laufende Kosten für Übersetzungen, Sekretär (Company Secretary) und Büro (Registered Office) in GB an.	Ganz im Gegenteil: Die Gründungs- und Folgekosten sind wesentlich geringer als bei einer GmbH. Das registrierte Büro kostet ab Jahr 2 z.B. nur 99 Euro. Den Sekretär kann der Unternehmer selbst stellen. Satzungsänderung, Kapitalerhöhungen bedürfen keiner notariellen Beglaubigung, Unternehmer profitieren auch bei den niedrigen Kosten beim Gesellschafterwechsel. Ein Sekretär wird nicht benötigt.
Prozedere	Normalverfahren dauert ein bis zwei Wochen, im Schnellverfahren steht die Ltd. bereits binnen 24 Stunden	Die Gründung der Ltd. sei schnell und unbürokratisch, aber danach entstehe mehr Verwaltungsaufwand (jährlicher Geschäftsbericht fürs englische Handelsregister usw.). Die Rechnungslegung erfolgt nach UK-GAAP und Überleitungsrechnungen müssen erstellt werden.	Die Abgabe des Annual Returns (jährlicher Statusbericht), in dem die Gründungsdaten (Geschäftsführer, Gesellschafter) aktualisiert werden, dauert 5 Minuten. Beim Einreichen der Bilanz (Annual Account) werden die Bilanzkennzahlen des deutschen Steuerberaters in Deutsch eingereicht, sowie eine englische Übersetzung. Vorlagen für die Begriffe wie Umsatz (Turnover) gibt es kostenlos bei Go Ahead Limited.

	Limited Company	*Behauptungen*	*Antwort Go Ahead Limited*
Gesell-schaf-ter-Haf-tung	Für Steuern und Sozialversicherungsbeiträge, – bei Missbrauch und Gesetzeswidrigkeiten, – bei persönlichem Fehlverhalten, das zur Insolvenz geführt hat	– Das englische Insolvenzrecht sehe eine stärkere persönliche Haftung der Gesellschafter vor. – Zurzeit sei unklar, ob im Falle der Insolvenz das englische oder deutsche Insolvenzrecht in Deutschland zur Anwendung kommen wird.	Die Haftung ist gegenüber dem GmbH-Geschäftsführer bei Missbrauch als gleich einzustufen (siehe Hamburger Urteil). Im Insolvenzfall hat der Limited-Geschäftsführer einen höheren Ermessungsspielraum. Daher liegt hier der Vorteil beim Limited-Geschäftsführer. Für die Eröffnung eines Insolvenzverfahrens innerhalb der EU ist das Gericht zuständig, in dessen Gebiet der Schuldner den Mittelpunkt seiner hauptsächlichen Interessen hat. Dort wird gemäß Art 3 Abs 1 EuInsVO das als „Hauptverfahren" bezeichnete Insolvenzverfahren eröffnet. Widerlegbar vermutet wird der Mittelpunkt der hauptsächlichen Interessen gem. Art 3 Abs 1 Satz 2 EuInsVO am Ort des satzungsmäßigen Sitzes. Sofern also eine LTD in England keinerlei Geschäftstätigkeit entfaltet und im deutschen Handelsregister eingetragen ist, ist ein Insolvenzverfahren über das Vermögen einer LTD in Deutschland anhängig zu machen.
Steuern	25 Prozent Körperschaftsteuer, Solidaritätszuschlag, Gewerbe- und Umsatzsteuer	Für eine Ltd., die ausschließlich in Deutschland aktiv ist, gilt ohne Wenn und Aber das deutsche Steuerrecht. Die günstigere englische Besteuerung betrifft nur Unternehmensgewinne, die tatsächlich in Großbritannien erwirtschaftet wurden.	Das trifft zu. Eine Limited wird in Deutschland wie eine Kapitalgesellschaft (GmbH) behandelt. Für die Limited & Co. KG gilt die Besteuerung einer Personengesellschaft, analog der GmbH & Co. KG.

Abbildung 8: Die britische Ltd. – Realitäten und Vorbehalte

10. Checklisten

Ablauf einer Limited-Gründung

Für Sie zur schnellen Übersicht:

- ☐ Online Beauftragung bei einer Ltd.-Gründungsagentur
- ☐ Agentur gründet Ihre Ltd. beim englischen Handelsregister
- ☐ Gründung der Limited in England 5–7 Tage (Service in 24 h / 48 h ist auch möglich)
- ☐ Zusendung der Gründungsbestätigung per E-Mail inkl. Gründungsurkunde durch die Agentur

Rechtsfähigkeit bereits jetzt erlangt. Der Unternehmer haftet für Geschäfte ab jetzt nicht mehr privat.

- ☐ Versand der beglaubigten Unterlagen inkl. beglaubigte Übersetzung an Sie
- ☐ Anmeldung Gewerbeamt
- ☐ Beantragung der Steuernummer (erfolgt automatisch nach Gewerbeanmeldung)
- ☐ Eröffnung eines Bankkontos
- ☐ Handelsregisteranmeldung (Unterschriftsbeglaubigung beim Notar)

Firmenbriefkopf

Der Briefbogen muss folgende Angaben enthalten:

- ☐ Voller Name und Rechtsform der Gesellschaft
- ☐ Adresse des registered office und Company-Nr.
- ☐ Sitz bzw. volle Anschrift der Zweigniederlassung
- ☐ der/die Vertreter der Niederlassung (Geschäftsführer)
- ☐ die Handelsregisternummer und das Registergericht in Deutschland

Dieser Briefbogen könnte dann wie folgt aussehen:

Muster Limited
Optional
Muster Straße 8
88888 Musterstadt
AG Muster
HRB 8888
Geschäftsführer: Manfred Muster

registered office:
Muster Limited
69 Great Hampton Street
UK-B18 6EW Birmingham
Registered in England and Wales
Company-Nr. xxxxxx

Web: http://www.musternet.com
Mail: info@musternet.com
Phone: 0888-8888888
Mobil: 0888-888888
Fax: 0888-8888889

Behördengänge

- ☐ Gewerbeanmeldung mit Personalausweis
- ☐ Anmeldung beim Finanzamt (optional auch eine internationale Steuernummer)
- ☐ Eröffnung eines Bankkontos
- ☐ Unterschriftsbeglaubigung des/der Geschäftsführer vor einem Notar zur HR-Anmeldung (Formulare werden i.d.R. von der Agentur bereitgestellt). Anmeldung der Limited beim Handelsregister durch den Notar, Dauer 2–10 Wochen)

Zum Gewerbeamt mitzunehmende Unterlagen

- ☐ Englische beglaubigte Gründungsunterlagen
- ☐ Deutsche beglaubigte Übersetzung der englischen Gründungsunterlagen
- ☐ Personalausweis des Geschäftsführers

Zum Notar mitzunehmende Unterlagen zur Anmeldung als selbständige Niederlassung beim Handelsregister

Für den Termin beim Notar benötigen Sie:

- ☐ Englische beglaubigte Gründungsunterlagen
- ☐ Deutsche beglaubigte Übersetzung der englischen Gründungsunterlagen
- ☐ Die ausgefüllten Musterformulare (Musterformulare i.d.R. von der Agentur)
- ☐ Gesellschaftsbeschluss (Musterformulare i.d.R. von der Agentur)
- ☐ Beglaubigung der Unterschrift des/der Geschäftsführer wird vor dem Notar vorgenommen

11. FAQ

Fragen zur Gründung einer Limited

Wie viele Personen werden zur Gründung benötigt?

Der Gesellschafter und Geschäftsführer kann eine Person sein.

Der Secretary (Schriftführer) muss derzeit noch von einer anderen Person gestellt werden. I.d.R. übernehmen dieses die Gründungsagenturen. Die Änderung des englischen Companies Act sieht vor, dass vermutlich ab Mitte 2008 der Secretary nicht mehr zwingend benötigt wird.

Wer kann Geschäftsführer einer Limited werden?

Jeder ab 16. Jahre. Es empfiehlt sich für Deutschland und Österreich ein Mindestalter von 18 Jahren. Auch Nicht-Europäer können Geschäftsführer werden.

Muss der Geschäftsführer in England leben?

Nein, die Limited soll ja von deutschen/österreichischen Unternehmen in Deutschland geführt werden.

Wer kann Gesellschafter einer Limited werden?

Grundsätzlich jede natürliche (Privatpersonen) und juristische Personen (z.B. GmbH, AG, Limited, Inc. sowie andere ausländische Rechtsformen) im In- und Ausland.

Wie kann der Gesellschafter Anteile übertragen?

Mit dem Formblatt „Stock-Transfer-Form". In England wird dieses Formular vom Inland Revenue abgestempelt, damit es rechtswirksam wird.

Können sich nach der Gründung weitere Gesellschafter an der Limited beteiligen?

Ja, im Rahmen einer Kapitalerhöhung durch einfachste Formblätter (88/2, 123) und Gesellschafterbeschluss zur Kapitalerhöhung.

Wer kann Secretary einer Limited werden?

Wie beim Geschäftsführer.

Muss der Secretary in England leben?

Nein

Ich gründe zu zweit eine Limited. Kann der zweite Geschäftsführer Secretary sein?

Ja, das ist grundsätzlich möglich. Ein Geschäftsführer ist dann nur Geschäftsführer und Secretary zugleich und der zweite nur Geschäftsführer.

Ab wann ist die Gesellschaft rechtsfähig?

Mit der Eintragung der Limited im engl. Handelsregister. D.h. ab diesem Moment können Verträge abgeschlossen werden ohne dass der Gesellschafter oder Geschäftsführer persönlich wie bei einem Einzelunternehmen oder einer GmbH in Gründung haftet.

Muss der Geschäftsführer Gehalt beziehen?

Nein, der Geschäftsführer muss kein Gehalt beziehen. Lediglich in der Höhe gibt es Grenzen seitens des Finanzamtes. Das Gehalt des geschäftsführenden Gesellschafters muss einem Drittvergleich standhalten.

Muss der Geschäftsführer Sozialversicherungsbeiträge abführen?

Nein, ist der Geschäftsführer auch beherrschender Gesellschafter gilt er im sozialversicherungsrechtlichen Sinn als Selbständiger. Im Einzelfall kann auch ein Minderheitsbeteiligter Geschäftsführer von der Sozialversicherungspflicht befreit werden.

Muss ein Fremd-Geschäftsführer Sozialversicherungsbeiträge abführen?

Ja, er wird wie ein Angestellter behandelt.

Wie haftet der Gesellschafter?

Der Gesellschafter haftet nur mit der Höhe seiner Einlagen. D.h. hat die Gesellschaft ein Stammkapital von 5.000 Euro, muss der Gesellschafter diese Einlage leisten. Bis zu dieser Höhe seiner Einlage haftet er privat bis er sie in die Gesellschaft eingebracht hat.

Bis zu welcher Summe haftet der Geschäftsführer?

Der Geschäftsführer haftet persönlich nicht! Sondern ausschließlich die Gesellschaft mit den Vermögensgegenständen.

Wann haftet der Geschäftsführer persönlich?

Wrongful Trading, ein typischer und vernünftiger Geschäftsführer hätte das Geschäft nicht ausgeführt.

Fraudulent Trading, Gläubigerbenachteiligungsabsicht bei der Ausführung der Geschäfte.

Was ist, wenn die Limited in Konkurs geht?

Die Gläubiger können (wie bei einer GmbH) nur auf die Vermögenswerte der Gesellschaft (z.B. Computer, Lagervorräte) zurückgreifen. Allerdings nicht auf das Privatvermögen des Geschäftsführers oder Gesellschafters.

Wie hoch ist die Mindesteinlage einer Limited?

1 Pfund (ca. 1,50 Euro).

Benötigt die Limited ein Bankkonto in England z.B. für das Gesellschaftskapital?

Nein, ein Bankkonto in Deutschland/Österreich ist ausreichend.

Muss der Gesellschafter das Haftungskapital (Gesellschaftereinlage) sofort einbezahlen?

Nein, im Gegensatz zu einer GmbH ist dieses nicht notwendig; dennoch wird empfohlen, die Einlage zu leisten. Im Insolvenzfall muss spätestens das Haftungskapital zur Verfügung stehen.

Wie wird das Haftungskapital (Gesellschaftereinlage) einbezahlt?

I.d.R. per Banküberweisung vom Privatkonto des Gesellschafters auf das Firmenkonto. Der Überweisungstext sollte lauten. „Gesellschaftereinlage".

Wird für England ein Geschäftszweck benötigt?

Nein, in England kann die Gesellschaft grundsätzlich alle Geschäfte ausführen, die der Gesellschaft dienlich sind. Für die Zweigniederlassung muss derzeit der Geschäftszweck analog einer GmbH abgefasst werden.

Welche Namen kann ich für die Limited wählen?

Grundsätzlich sind Sie in der Namenswahl frei. Voraussetzung ist, dass der Name nicht schon mal in England vergeben ist oder einen sensitiven Namen enthält. Ob der Name in England vergeben ist, ist zu prüfen unter www.companieshouse.gov.uk/info

Das Handelsregister/IHK akzeptiert den Namen nicht?

Zahlreiche Urteile zeigen, dass die gängige restriktive Praxis bei der Namenswahl auf eine Limited nicht anzuwenden ist. Daher verweisen Sie auf das englische Recht. Gründungsagenturen unterstützen Sie dabei.

Wie kann ich den Namen vorab prüfen, ob die IHK einverstanden ist?

Wie bei einer GmbH können Sie eine unverbindliche Namensanfrage bei der IHK im Vorfeld vornehmen.

Ist die Limited außerhalb von England voll geschäfts- und rechtsfähig?

Ja – eine in UK gegründete Gesellschaft ist grundsätzlich in jedem EU-Mitgliedsland geschäftsfähig und rechtsfähig! Der europäische Gerichtshof entschied u.a. im „Centros Urteil" vom 05.11.02, dass die praktizierte deutsche Rechtsprechung gegen die europäisch garantierte Niederlassungsfreiheit verstößt. Der deutsche Bundesgerichtshof (BGH) hat am 13.03.03 erstmalig dies bestätigt und hob damit die bisherige Rechtsprechung auf:

„Ein in Europa gegründetes Unternehmen behält seine Rechtsform bei einem Umzug in ein anderes EU-Land und kann damit dort auch klagen und verklagt werden. Dies entschied der Bundesgerichtshof und hob damit die bisherige Rechtsprechung auf, wonach ein Unternehmen nach der so genannten Sitztheorie seine Rechtsfähigkeit bei der Verlegung seines Firmensitzes nach Deutschland verliert."

Muss die Limited in das Handelsregister (Firmenbuch) eingetragen werden?

Ja, dennoch sind Sie auch ohne eine Eintragung rechts- und geschäftsfähig.

Was passiert, wenn ich die Limited nicht eintragen lasse?

Das Handelsregister kann ein Zwangsgeld festsetzen, falls Sie die Eintragung nicht vorantreiben.

Welche Angaben werden vom Handelsregister veröffentlicht?

Veröffentlicht werden: Firmenname, Register-Nr., Registered Office, für die Hauptniederlassung zuständiges Handelsregister (Companies House, Cardiff), Höhe des Gesellschaftskapitals, Geschäftszweck der Zweigniederlassung, Anschrift der deutschen Niederlassung und Geschäftsführer.

Welche Geschäfte kann ich mit einer Limited ausführen?

Alle, wie bei einer GmbH. Für gewisse Bereiche benötigen Sie zusätzliche Genehmigungen, die von den entsprechenden Behörden zu erteilen sind, z.B. Gaststätten, Güterkraftverkehr.

Wo muss ich die Gesellschaft im Inland anmelden?

Gewerbeamt, Handelsregister (Firmenbuch), Finanzamt. Weitere Anmeldepflichten können sich branchenspezifisch ergeben.

Bin ich Zwangsmitglied bei der IHK oder Handwerkskammer?

Ja, wie bei der GmbH.

Was sind die wichtigsten Vorteile einer Limited?

- o Limitierte Haftung – Keine Haftung mit dem Privatvermögen
- o Gründungskapital ab £ 1 (€ 1,45) möglich – keine € 25.000,– wie bei der GmbH
- o Jederzeit unbürokratische Hinzunahme von Gesellschaftern oder Kapitalerhöhung
- o Freie Wahl des Firmennamens
- o Auslagern von Betriebsrisiken durch neue Gesellschaften (Limiteds)
- o Firmenfreundliches Gesellschaftsrecht – kein Notar nötig bei Satzungsänderungen
- o Einfache und kostengünstige Gründung
- o Einfaches Auflösen der Gesellschaft
- o Einsatz auch als Ltd. & Co. KG
- o Schnelle, günstige Gründung einer Holding
- o Internationale Bekanntheit

Was sind die Nachteile einer Limited gegenüber einer GmbH?

- o Zusätzliche Pflichten in England
- o Geringere Bekanntheit als GmbH
- o Vorbehalte gegenüber niedrigem Stammkapital (was in der Praxis im Rahmen einer Insolvenz sowieso irrelevant ist)
- o Englisches Recht bei Gesellschafterstreitigkeiten
- o Jährliche Folgekosten durch das registered Office in England
- o Geschäftspartner sind unsicher, ob sie ihre Forderungen in Deutschland oder England durchsetzen müssen

Was sind die Vorteile einer Limited & Co. KG?

- o Die Limited & Co. KG ist so einfach zu führen wie eine Einzelfirma, besitzt aber die Haftungsbeschränkung.
- o Die Besteuerung ist wie bei einer Personengesellschaft und hat keine Doppelbesteuerung wie die GmbH.
- o Flexibel bei der Aufnahme von Gesellschaftern, es gilt deutsches Recht.
- o Verluste können grundsätzlich mit anderen Einkünften verrechnet werden.
- o Kapitalentnahmen ohne vorherige schriftliche Festlegung sind nicht automatisch verdeckte Gewinnausschüttungen.

- o Bei der Einlage privater Immobilien in das Betriebsvermögen einer Ein-Mann-Ltd. & Co.KG zur Verbesserung der Eigenkapitalquote wird keine Grunderwerbsteuer fällig. Künftige Reparaturen mindern außerdem als Betriebsausgaben die Gewerbesteuer.
- o Kosten des Erwerbs von Anteilen an einer Ltd. & Co.KG sind für den Gesellschafter steuermindernde Anschaffungskosten.

Was ist bei der Gründung der Limited & Co. KG zu beachten?

Die Haftungsbeschränkung greift erst bei der Eintragung der KG in das deutsche Handelsregister.

Muss sich die Komplementär-Limited einer Ltd. & Co. KG beim deutschen Handelsregister eintragen lassen?

Nein, anders als bei der GmbH & Co. KG, somit werden auch die Kosten reduziert.

Gibt es Fördermöglichkeiten für eine Limited?

Sämtliche Fördermöglichkeiten die für eine GmbH gelten, gelten auch für eine Limited, z.B. Zuschüsse, verbilligte Darlehen etc.

Fragen zur Führung – Steuern?

Ich mache Geschäfte nur in Deutschland/Österreich, muss ich dann Steuern in England zahlen?

Nein, aufgrund des Doppelbesteuerungsabkommen (DBA) zwischen UK und Deutschland/Österreich müssen Sie Ihre Umsätze und Gewinne im Inland versteuern, wenn eine Betriebstätte im eigentlichen Sinne vorliegt.

Wo wird versteuert, wenn ich nur in Deutschland/Österreich tätig bin?

Wenn Sie ausschließlich im Inland tätig sind und bleiben wollen, dann werden Ihre Einkünfte (Dividendenerträge und Arbeitseinkünfte) weiterhin in Deutschland/Österreich versteuert.

Wo wird versteuert, wenn ich in Deutschland und UK tätig bin?

Für die jeweilige Betriebstätte führen Sie Ihre Steuern im jeweiligen Land ab. Wenn Sie ausschließlich in z.B. UK eine Repräsentanz haben bzw. nur in das Land exportieren, versteuern Sie wie bei einer GmbH nur im Inland.

Kann ich mit meinem bisherigen Steuerberater weiterarbeiten?

Ja, selbstverständlich. Der Steuerberater behandelt die Limited wie eine GmbH.

Was muss der Steuerberater an das englische Handelsregister einreichen?

Es müssen Kennzahlen der Bilanz übernommen werden. Die Gründungsagenturen stellen dafür Formblätter zur Verfügung.

Meine Gesellschaft ist operativ nicht tätig, sondern hält nur Beteiligungen, was ist in UK einzureichen?

Für Gesellschaften die „schlafend" sind, werden mit einer Dormant Company Accounts (Nullbilanz) mit dem Formblatt DCA eingereicht.

Welche Steuersätze gelten?

Die Steuersätze einer GmbH (Kapitalgesellschaft)

Wird die englische Mehrwertsteuer (VAT) berechnet?

Nein, es gelten die inländischen Sätze.

Kann ich eine internationale Steuernummer beantragen?

Ja, wie bei einer GmbH wird für internationale Geschäfte eine internationale Steuernummer benötigt.

Welche Buchführungspflichten gelten?

Wie bei der GmbH. Es gelten die Pflichten einer Kapitalgesellschaft und nicht die z.B. eines Einzelunternehmens.

Limited, Limited & Co. KG, Limited Holding – was ist am günstigsten?

Es kommt drauf an. Die Limited & Co. KG versteuert wie der Einzelunternehmer, es fällt daher keine „Doppelbesteuerung" auf Gesellschafs- und Gesellschafterebene wie bei einer GmbH an.

Ist geplant mittelfristig die Gesellschaft zu verkaufen, empfiehlt sich eine Holding, da im Verkaufsfall die Verkaufserlöse zu 95% freigestellt werden.

Kann ich ein Einzelunternehmen in eine Limited umwandeln?

Ja, wie bei einer GmbH ist das möglich. Die Umwandlungssteuergesetze finden Anwendung.

Kann ich eine GmbH in eine Limited umwandeln?

Ist theoretisch möglich, dürfte aber in der Praxis kaum Sinn machen.

Kann ich eine Limited in eine GmbH umwandeln?

Ja

Kann ich eine Limited in eine AG umwandeln?

Ja

Kann die Limited als Holding sich an einer GmbH oder AG beteiligen?

Ja

Kann eine GmbH/AG Holding sich an einer Limited beteiligen?

Ja

Kann ich wie bei der GmbH eine unterjähriges Geschäftsjahr führen, z.B. 30.06.2007?

Ja, achten Sie darauf, dass Sie bei der Gründung Ihr gewünschtes Geschäftsjahr angeben, i.d.R. wird mit einem Geschäftsjahr zum 31.12. gegründet.

Wann macht ein unterjähriges Geschäftsjahr (abweichendes Geschäftsjahr) Sinn?

Insbesondere, wenn Sie saisonales Geschäfts haben und z.B. in Q 3 relativ wenig operatives Geschäft haben. Bei einem Geschäftsjahr zum 30.06. können Sie in der ruhigen Zeit die fehlenden Unterlagen für den Steuerberater vorbereiten.

Am Finanzamt vorbei – kann ich die Limited aus England führen und dabei im Inland wohnen?

Nein, in dem Land, wo die maßgeblichen Entscheidungen getroffen werden, wird versteuert, d.h. am Ort der Geschäftsleitung.

Kann ich einen Fremdgeschäftsführer in England einstellen, der die Geschäfte leitet?

Es wäre u.U. möglich, sofern die Geschäftsführung und auch die geschäftlichen Entscheidungen in England getroffen werden.

Wenn ich einen Fremdgeschäftsführer einsetze – auf was achtet das Finanzamt?

Mangelhafte Umsetzung bzw. fehlender wirtschaftlicher Gehalt (z.B. Briefkastengesellschaft / § 42 AO außer Steuern kein Motiv), Anerkennung der ausländischen Betriebsstätte (ist es wirklich eine Betriebsstätte?), Hinzurechnungsbesteuerung, Verrechnungspreise zwischen verschiedenen Landesgesellschaften (Dokumentationspflichten), Wegzugsbesteuerung / Entstrickung / Funktionsverlagerung (Besteuerung von Know-how, Kundenstamm, Geschäftschancen ...).

Fragen zur Führung – Pflichten in England

Was ist dem Finanzamt in England zu melden?

Dass die Gesellschaft in England nicht tätig ist. Übernehmen i.d.R. Gründungsagenturen.

Was ist dem englischen Handelsregister zu melden?

Annual Return (Statusbericht), jährlich zum Gründungstag alle 12 Monate, werden die Gründungsdaten aktualisiert, d.h. Anschriftsänderung Geschäftsführer, Veränderung Gesellschafter / Geschäftsführer.

Annual Account, 12 Monate nach dem Bilanzstichtag (ARD Annual Account Reference Date) eine Bilanz in englischer Sprache unterschrieben vom Geschäftsführer. Muster erhalten Sie von den Agenturen.

Welchen sonstigen Behörden müssen Nachweise erbracht werden?

Weitere Behörden sind nicht eingebunden.

Warum erfolgt eine Zwangslöschung aus dem engl. Handelsregister?

I.d.R. erfolgt diese, wenn der Annual Return oder Annual Accounts nicht eingereicht werden.

Kann man gegen eine Zwangslöschung vorgehen?

Ja, man kann ein Wiederherstellungsverfahren betreiben. Kosten rund 1.000–2.500 €€

Haftet man privat bei einer Zwangslöschung?

Für die Geschäfte, die die Limited eingeht, obwohl diese gelöscht ist, haften Sie privat. Wird die Gesellschaft wiederhergestellt, werden alle Geschäfte so behandelt, als wenn die Gesellschaft nie gelöscht gewesen wäre.

Fragen zur Führung – Welches Recht gilt?

Gerichtsstand – Wo wird die Limited als Beklagte verklagt?

Gegen die Limited werden am Ort der Niederlassung Klagen erhoben, vgl. §21 ZPO, Ort der Niederlassung und § 29 ZPO, Erfüllungsort. Für überwiegend in Deutschland/Österreich tätige Limiteds sind die Gerichte im Inland zuständig.

Gerichtsstand – Wo verklagt die Limited als Klägerin?

Grundsätzlich gilt der Sitz der Gegenseite (§12, 17 ZPO), es sei denn es gibt Gerichtsstandvereinbarungen.

Insolvenz – Wo meldet die Limited ihre Insolvenz an?

Im Inland. Es gelten die Vorschriften der EUInsVO Anwendung. Nach Art 3 Abs 1 EuInsVO, sind für die Eröffnung von Insolvenzverfahren die Gerichte des Mitgliedstaates zuständig, auf dessen Territorium der Schuldner (die insolvente Gesellschaft) den Mittelpunkt ihrer hauptsächlichen Interessen hat.

Insolvenz – Wo meldet der Gläubiger einer Limited Insolvenz an?

Wie bei der GmbH am zuständigen Gericht der Gesellschaft im Inland.

Allgemeines Vertragsrecht – Welches Recht gilt?

Inländisches, Überlagerung englischen Rechts durch das deutsche und internationale Deliktsrecht.

Vereinbarung der Gesellschafter (Shareholder Agreement) – Welches Recht gilt?

Keine vollständige Vereinbarung deutschen Rechts, aber weitestgehend Angleichung.

Gesellschaftsrechtlicher Gerichtsstand – Welches Land ist zuständig?

Es gilt wahlweiser Gerichtsstand Deutschland/England nach Art 60 EuGVO. I.d.R. ist in den Satzungen der inländische Gerichtsstand vorgesehen.

Verträge mit Mitarbeitern – Welches Recht gilt?

Inländisches (deutsches/österreichisches Arbeitsrecht).

Gibt es eine einfache Regel, welches Recht zuständig ist?

Vereinfacht kann gesagt werden, dass für alle Streitigkeiten innerhalb der Gesellschaft, z.B. der Gesellschafter, englisches Recht gilt; für alles nach außen – Mitarbeiter, Kunden, Lieferanten, Vorschriften seitens des Gesetzgebers – inländisches Recht gilt.

Fragen zur Führung – Kosten?

Was kostet eine Limited Gründung?

Je nach Gründungsagentur rund 500 Euro.

Was kostet eine Limited & Co. KG Gründung?

Je nach Gründungsagentur rund 700–1.000 Euro.

Was kostet eine Holding Konstruktion?

Für eine Holding werden zwei Kapitalgesellschaften benötigt. Bei einer Holding mit zwei Limiteds fallen die Kosten von zwei Gründungen an.

Welche Kosten habe ich in Deutschland/Österreich bei den Behörden?

I.d.R. rund 300 Euro für die Handelsregister-, Veröffentlichungsgebühr, Unterschriftsbeglaubigung beim Notar.

Welche laufenden Kosten habe ich in England?

Für die Nutzung des engl. Registered Office werden rund 100 Euro berechnet. Für den Secretary und Servicepaket für die Einhaltung der Pflichten rund 70–120 Euro.

Was kostet eine Anteilsübertragung?

Das Stock Transfer Form wird vom engl. Finanzamt abgestempelt. Die Stempelgebühr ist 0,5% vom Verkaufwert. Die Mindestgebühr sind 5 Pfund. D.h. bei einer Übertragung von 1.500 Euro fallen 5 Pfund Stempelgebühr, zusätzlich der Handlingsfee der Agenturen (20–50 Euro) an.

Was kostet die Auflösung einer Gesellschaft?

Mit dem Formblatt 652 a wird eine Gebühr von 10 Pfund fällig, zusätzlich den Gebühren der Agenturen von rund 50–100 Euro.

Fragen zur Führung – sonstige Fragen?

Bin ich von den Gründungsagentur abhängig?

Je nach Vertragsgestaltung eigentlich nicht. Die Verträge sehen vor, dass Sie mit einer Kündigungsfrist von 3 Monaten zum Ende eines Geschäftsjahres kündigen können. Dennoch benötigen Sie in England eine Anschrift, die als reg. Office dient.

Wie viele Limited Firmen gibt es?

In England sind rund 2. Mio. Limited Firmen eingetragen, davon in Deutschland (Stand August 07) rund 50.000.

Für welche Branchen lohnt sich die Gründung einer Limited besonders?

Dieselben Gründe, die für die Gründung einer GmbH / GmbH & Co. KG sprechen, gelten auch für die Limited< das ist insbesondere der Ausschluss der persönlichen Haftung. Von daher eignet sich die Rechtsform für Unternehmen mit großen Haftungsrisiken, z.B. im Handel, Technologie/, IT-Bereich.

Für wen lohnt sich keine Limited?

Für Unternehmer, die kein Haftungsrisiko haben und i.d.R. sehr klein sind, meist auch ohne Angestellte arbeiten. Der Aufwand durch die Erstellung einer Bilanz und entsprechenden Formvorschriften ist aufwendiger als die einfache Buchhaltung eines Einzelunternehmers.

Kann ich mit der Limited den Meisterzwang umgehen?

Nein

Kann die Limited genehmigungspflichtige Tätigkeiten ausführen, z.B. 34c, Güterkraftverkehr (EU-Transportlizenz), Genehmigungen nach Gaststättenverordnung?

Ja, wie einer GmbH.

Eröffnet die Bank für eine Limited ein Bankkonto?

Die großen Geschäftsbanken eröffnen Konten und kennen sich mit dem Prozedere aus. Bei kleinen Regionalbanken herrscht(e) zum Teil Unsicherheit mit dem Umgang von benötigten Unterlagen.

Erhalte ich für eine Limited Kredite?

Nein, wie Sie auch keine Kredite für eine GmbH oder AG erhalten. Sie erhalten Kredite für eine Gesellschaft, wenn Sie ausreichend Sicherheiten oder Bürgschaften stellen. Auf eine Rechtsform gibt es keinen Kredit.

Warum macht eine Holding Sinn?

Durch die sinnvolle Gestaltung von mehreren Gesellschaften wird Betriebsvermögen vom operativen Geschäft getrennt und ist somit keine Haftungsmasse. Im Rahmen eines Verkaufs gilt das Holdingprivileg, in den vom Verkaufserlös rund 99% in die Holding fließen.

Macht es Sinn, ein bestehendes Einzelunternehmen weiterzuführen und für neue Geschäfte eine Limited zu gründen?

Ja, die Limited führt operativ die Geschäfte. Das Vermögen bleibt im Einzelunternehmen. Somit ist das Einzelunternehmen die Besitz- und die Limited die Betriebsgesellschaft. Im Gegensatz zur Holding ist der Verkaufsfall nicht begünstigt, aber das Vermögen ist getrennt und daher geschützt.

Was ist der Nachteil einer Holding oder das Halten von mehreren Gesellschaften?

Aus Sicht von Risikoabwägungen überwiegen die Vorteile, durch das Führen von mehreren Gesellschaften entstehen erhöhte Verwaltungskosten, z.B. doppelte Bankgebühren, erhöhte Steuerberatungskosten, zusätzliche IHK Gebühren. Es entstehen aber nicht automatische doppelte Kosten beim Steuerberater, da diese oft nach Aufwand abrechnen. Die Geschäftsvorfälle werden somit auf zwei Firmen aufgeteilt. Für die Abschlussarbeiten hingegen entstehen höhere Gebühren.

Für was wird der Haftungsschutz einer Kapitalgesellschaft überhaupt benötigt, dieses Risiko kann doch auch von Versicherungen geleistet werden?

Es gibt keine Versicherung, die den Haftungsschutz einer Kapitalgesellschaft anbietet. Dennoch sollten Unternehmer Risiken zusätzlich mit Versicherungen abdecken.

Fragen – Gründung im Rahmen einer Insolvenz?

Es läuft gegen mich privat ein Insolvenzverfahren – kann ich eine Limited gründen?

Die Gläubiger können die Anteile der Gesellschaft pfänden. Kommt es zum Insolvenzverfahren kann ein bestellter Insolvenzverwalter die Auflösung vornehmen, mögliche Gewinne stehen den Gläubigern zu.

Das Insolvenzfahren wurde abgeschlossen – kann ich eine Limited gründen?

Ja, sofern kein Gewerbeverbot besteht.

Kann ich eine Limited trotz Gewerbeverbot gründen?

Wie bei einer GmbH können Sie auch keine Limited gründen. Das wäre eine Umgehung. Es gibt viele Gründungsagenturen die dennoch schreiben, dass es möglich sei. Eine Gründung in England ist auch tatsächlich möglich, dennoch wird die Gesellschaft in Deutschland nicht in das Handelsregister eingetragen.

Kann ich einen Treuhänder einsetzen?

Wie bei einer GmbH gibt es auch bei der Limited die Möglichkeit Treuhandverhältnisse einzugehen, meist übernehmen dies Rechtsanwälte. In der Praxis kann dies trotz Vollmachten hinderlich sein.

12. Formulare

Fast alle Änderungen einer Limited sind dem englischen Handelsregister mit einfachen Standard Formularen mitzuteilen. Diese werden von Agenturen inkl. Übersetzung bereitgestellt.

Die Nummerierung der Formulare ist sehr durchdacht. Die Nummer des Formulars entspricht immer des Paragraphen im Companies Act 1985, in dem die Regelungen zu finden sind.

Die Übertragung von Anteilen erfolgt per Stocktransferform. Auf diesem werden die Namen der Übertragenden und die Höhe der Anteile sowie Name der Limited und Company Nr. eingetragen. Dieser Anteilskaufvertrag wird bei dem englischen Finanzamt (Inland Revenue) eingereicht. Auf die Übertragung ist eine Stempelgebühr von 0,5% des Kaufpreises zu entrichten, damit ist auch der Kaufvertrag rechtsgültig wirksam geworden.

Nachstehend die wichtigsten Formulare für eine engl. Limited.

Companies House
— for the record —

88(2)

(Revised 2005)

Return of Allotment of Shares

Please complete in typescript, or in bold black capitals.

CHW P000

Company Number	
Company name in full	

Shares allotted (including bonus shares):
(see Guidance Booklet GBA6)

	From			To		
	Day	Month	Year	Day	Month	Year
Date or period during which shares were allotted (If shares were allotted on one date enter that date in the "from" box)						

Class of shares (ordinary or preference etc)			
Number allotted			
Nominal value of each share			
Amount (if any) paid or due on each share (including any share premium)			

List the names and addresses of the allottees and the number and class of shares allotted to each overleaf

If the allotted shares (including bonus shares) are fully or partly paid up otherwise than in cash please state:

% that each share is to be treated as paid up			
% (if any) that each share is to be paid up in cash			

Consideration for which the shares were allotted (This information must be supported by the original or a certified copy of the contract or by Form 88(3) if the contract is not in writing)	

Companies House receipt date barcode

This form has been provided free of charge by Companies House.

09/2005

When you have completed and signed the form please send it to the Registrar of Companies at:

Companies House, Crown Way, Cardiff, CF14 3UZ — DX 33050 Cardiff
for companies registered in England and Wales
or
Companies House, 37 Castle Terrace, Edinburgh, EH1 2EB — DX 235 Edinburgh or LP - 4 Edinburgh 2
for companies registered in Scotland

Names and addresses of the allottees

Shareholder details (list joint allottees as one shareholder)	Shares and share class allotted	
Name(s)	Class of shares allotted	Number allotted
Address		
UK Postcode		
Name(s)	Class of shares allotted	Number allotted
Address		
UK Postcode		
Name(s)	Class of shares allotted	Number allotted
Address		
UK Postcode		
Name(s)	Class of shares allotted	Number allotted
Address		
UK Postcode		
Name(s)	Class of shares allotted	Number allotted
Address		
UK Postcode		

Please enter the number of continuation sheets (if any) attached to this form

Signed **Date**

** A director / secretary / administrator / administrative receiver / receiver / official receiver / receiver manager / voluntary arrangement supervisor

** *Please delete as appropriate*

Contact Details
You do not have to give any contact information in the box opposite but if you do, it will help Companies House to contact you if there is a query on the form. The contact information that you give will be visible to searchers of the public record.

	Tel
DX number	DX exchange

G COMPANIES FORM No. 123
Notice of increase in nominal capital

123

CHWP000

Please do not write in this margin

Pursuant to section 123 of the Companies Act 1985

Please complete legibly, preferably in black type, or bold block lettering

To the Registrar of Companies
(Address overleaf)

For official use

Company number

Name of company

* insert full name of company

*

gives notice in accordance with section 123 of the above Act that by resolution of the company

dated ______________________________ the nominal capital of the company has been

increased by £ _______________ beyond the registered capital of £ _______________.

† the copy must be printed or in some other form approved by the registrar

A copy of the resolution authorising the increase is attached. †

The conditions (eg. voting rights, dividend rights, winding-up rights etc.) subject to which the new shares have been or are to be issued are as follows :

Please tick here if continued overleaf

‡ Insert Director, Secretary, Administrator, Administrative Receiver or Receiver (Scotland) as appropriate

Signed | Designation ‡ | Date

Presenter's name address and reference (if any) :

For official Use (02/06)
General Section
Post room

Notes

The address for companies registered in England and Wales or Wales is :-

The Registrar of Companies
Companies House
Crown Way
Cardiff
CF14 3UZ

DX 33050 Cardiff

or, for companies registered in Scotland :-

The Registrar of Companies
Companies House
37 Castle Terrace
Edinburgh
EH1 2EB

DX 235 Edinburgh or LP - 4 Edinburgh 2

STOCK TRANSFER FORM

J30

(Above this line for Registrars only)

Consideration Money £	Certificate lodged with the Registrar **(For completion by the Registrar/Stock Exchange)**

Full name of Undertaking.		
Full description of Security.		
Number or amount of Shares, Stock or other security and, in figures column only, number and denomination of units, if any.	Words	Figures (units of)
Name(s) of registered holder(s) should be given in full; the address should be given where there is only one holder. If the transfer is not made by the registered holder(s) insert also the name(s) and capacity (e.g., Executor(s)) of the person(s) making the transfer.	In the name(s) of	Account Designation (if any)

PLEASE SIGN HERE

I/We hereby transfer the above security out of the name(s) aforesaid to the person(s) named below *or to the several persons named in Parts 2 of Brokers Transfer Forms relating to the above security:* **Delete words in italics except for stock exchange transactions.** Signature(s) of 1. . . . . 2. . . . . 3. . . . . 4. . . . . A body corporate should execute this transfer under its common seal or otherwise in accordance with applicable statutory requirements	**Stamp of Selling Broker(s) or, for transactions which are not stock exchange transactions, of Agent(s), if any, acting for the Transferor(s).** *Date* . . . .

Full name(s) and full postal address(es) (including County or, if applicable, Postal District number) of the person(s) to whom the security is transferred.

Please state title, if any, or whether Mr., Mrs. or Miss.

Please complete in typewriting or in Block Capitals.

Account Designation (if any)

I/We request that such entries be made in the register as are necessary to give effect to this transfer.

Stamp of Buying Broker(s) (if any)	Stamp or name and address of person lodging this form (if other than the Buying Broker(s))

Reference to the Registrar in this form means the registrar or registration agent of the undertaking, not the Registrar of Companies at Companies House

JFL0020 / Rev 5.2 10/99

(1) Delete as appropriate
(2) Insert "A", "B" or appropriate category

FORM of CERTIFICATE REQUIRED WHERE TRANSFER IS NOT LIABLE TO STAMP DUTY
Pursuant to the Stamp Duty (Exempt Instruments) Regulations 1987

(1) I/We hereby certify that this instrument falls within category (2)_____ in the schedule to the Stamp Duty (Exempt Instruments) Regulations 1987, set out below.

*Signature(s)

*Description: "Transferor", "Solicitor", or state capacity of other person duly authorised to sign and giving the certificate from his known knowledge of the transaction.

Date ____________________

*NOTE - The above certificate should be signed by (i) the transferor(s) or (ii) a solicitor or other person (e.g. bank acting as trustee or executor) having a full knowledge of the facts. Such other person must state the capacity in which he signs, that he is authorised so to sign and gives the certificate from his own knowledge of the transactions.

SCHEDULE

A. The vesting of property subject to a trust in the trustees of the trust on the appointment of a new trustee, or in the continuing trustees on the retirement of a trustee.
B. The conveyance or transfer of property the subject of a specific devise or legacy to the beneficiary named in the will (or his nominee).
C. The conveyance or transfer of property which forms part of an intestate's estate to the person entitled on intestacy (or his nominee).
D. The appropriation of property within section 84(4) of the Finance Act 1985 (death: appropriation in satisfaction of a general legacy of money) or section 84(5) or (7) of that Act (death: appropriation in satisfaction of any interest of surviving spouse and in Scotland also of any interest of issue).
E. The conveyance or transfer of property which forms part of the residuary estate of a testator to a beneficiary (or his nominee) entitled solely by virtue of his entitlement under the will.
F. The conveyance or transfer of property out of a settlement in or towards satisfaction of a beneficiary's interest, not being an interest acquired for money or money's worth, being a conveyance or transfer constituting a distribution of property in accordance with the provisions of the settlement.
G. The conveyance or transfer of property on and in consideration only of marriage to a party to the marriage (or his nominee) or to trustees to be held on the terms of a settlement made in consideration only of the marriage.
H. The conveyance or transfer of property within section 83(1) of the Finance Act 1985 (transfers in connection with divorce etc.).
I. The conveyance or transfer by the liquidator of property which formed part of the assets of the company in liquidation to a shareholder of that company (or his nominee) in or towards satisfaction of the shareholder's rights on a winding-up.
J. The grant in fee simple of an easement in or over land for no consideration in money or money's worth.
K. The grant of a servitude for no consideration in money or money's worth.
L. The conveyance or transfer of property operating as a voluntary disposition *inter vivos* for no consideration in money or money's worth nor any consideration referred to in section 57 of the Stamp Act 1891 (conveyance in consideration of a debt etc.).
M. The conveyance or transfer of property by an instrument within section 84(1) of the Finance Act 1985 (death: varying disposition).

Instructional Notes

1. In order to obtain exemption from Stamp Duty on transactions described in the above schedule the Certificate must be completed and may then be lodged for registration or otherwise acted upon. Adjudication by the Stamp Office is not required.
2. This form does not apply to transactions falling within categories (a) and (b) in the form of certificate required where the transfer is not liable to ad valorem stamp duty set out below. In these cases the form of certificate printed below should be used. Transactions within either of those categories require submission of the form to the Stamp Office and remain liable to £5 duty.

FORM OF CERTIFICATE REQUIRED WHERE TRANSFER IS NOT LIABLE TO *AD VALOREM STAMP DUTY*

Instruments of transfer are liable to a fixed duty of £5 when the transaction falls within one of the following categories:-

a Transfer by way of security for a loan or re-transfer to the original transferor on repayment of a loan.
b Transfer, not on sale and not arising under any contract of sale and where no beneficial interest in the property passes: (i) to a person who is a mere nominee of, and is nominated only by, the transferor; (ii) from a mere nominee who has at all times, held the property on behalf of the transferee; (iii) from one nominee to another nominee of the same beneficial owner where the first nominee has at all times held the property on behalf of that beneficial owner. (NOTE - this category does not include a transfer made in any of the following circumstances: (i) by a holder of stock, etc., following the grant of an option to purchase the stock, to the person entitled to the option or his nominee; (ii) to a nominee in contemplation of a contract for the sale of the stock, etc., then about to be entered into; (iii) from the nominee of a vendor, who has instructed the nominee orally or by some unstamped writing to hold stock, etc., in trust for a purchaser, to such a purchaser.)

(1) hereby certify that the transaction in respect of which this transfer is made is one which falls within the category (2) above
(3) ____________________

(1) "I" or "We".
(2) Insert "(a)" or "(b)"
(3) Here set out concisely the facts explaining the transaction Adjudication may be required.

*Signature(s)

*Description ("Transferor", "Solicitor", etc.)

Date ____________________

*NOTE - The above certificate should be signed by (1) the transferor(s) or (2) a member of a stock exchange or a solicitor or an accredited representative of a bank acting for the transferor(s); in cases falling within (a) where the bank or its official nominee is a party to the transfer, a certificate, instead of setting out the facts, may be to the effect that "the transfer is excepted from Section 74 of the Finance (1909-10) Act 1910". A certificate in other cases should be signed by a solicitor or other person (e.g. a bank acting as trustee or executor) having a full knowledge of the facts.

This certificate relates to an instrument made on ____________________ between:-

JFL0028 / Rev 5.2 10/99

Companies House
— for the record —

287

Change in situation or address of Registered Office

Please complete in typescript, or in bold black capitals.
CHWP000

Company Number

Company Name in full

New situation of registered office

NOTE:

The change in the situation of the registered office does not take effect until the Registrar has registered this notice.

For 14 days beginning with the date that a change of registered office is registered, a person may validly serve any document on the company at its previous registered office.

PO Box numbers only are not acceptable.

For English and Welsh companies, the address must be in England or Wales. For Scottish companies, the address must be in Scotland.

Address

Post town

County / Region　　Postcode

Signed　　**Date**

† Please delete as appropriate.

† a director / secretary / administrator / administrative receiver / liquidator / receiver manager / receiver

You do not have to give any contact information in the box opposite but if you do, it will help Companies House to contact you if there is a query on the form. The contact information that you give will be visible to searchers of the public record.

Tel

DX number　　DX exchange

Companies House receipt date barcode

This form has been provided free of charge by Companies House.

11/06

When you have completed and signed the form please send it to the Registrar of Companies at:

Companies House, Crown Way, Cardiff, CF14 3UZ **DX 33050 Cardiff**
for companies registered in England and Wales **or**
Companies House, 37 Castle Terrace, Edinburgh, EH1 2EB **DX 235 Edinburgh**
for companies registered in Scotland **or LP - 4 Edinburgh 2**

SPECIAL RESOLUTION ON CHANGE OF NAME
COMPANIES ACTS

COMPANY NUMBER ______________________________

COMPANY NAME ______________________________

At an Extraordinary General * / Annual General*/ General * Meeting of the members of the above named companyduly convened and held at:

* delete as appropriate

____

____

on the ____________ day of ____________ 20 ________

The following Special Resolution was duly passed:

That the name of the Company be changed to:

NEWNAME ______________________________

____

Signature: ______________________________
Chairman, Director, Secretary or Officer of the Company

Notes:

- The resolution must be delivered to Companies House within 15 days of it being passed
- A £10 fee is required to change the name (cheques made payable toÓCompanies HouseÓ).
- Have you checked whether the new name is available at www.companieshouse.gov.uk ?
- Please provide the name and address to which the certificate is to be sent.

NC 19 (2002)

Companies House
for the record

288a

APPOINTMENT of director or secretary

(NOT for resignation (use Form 288b) or change of particulars (use Form 288c))

Please complete in typescript, or in bold black capitals.

CHWP000

Company Number [ ]

Company Name in full [ ]

Date of appointment — Day / Month / Year

†Date of Birth — Day / Month / Year

Appointment form

Notes on completion appear on reverse.

Appointment as director [ ] as secretary [ ] *Please mark the appropriate box. If appointment is as a director and secretary mark both boxes.*

NAME *Style / Title [ ] *Honours etc [ ]

Forename(s) [ ]

Surname [ ]

Previous Forename(s) [ ] Previous Surname(s) [ ]

†† Tick this box if the address shown is a service address for the beneficiary of a Confidentiality Order granted under the provisions of section 723B of the Companies Act 1985 [ ]

†† Usual residential address [ ]

Post town [ ] Postcode [ ]

County / Region [ ] Country [ ]

†Nationality [ ] †Business occupation [ ]

†Other directorships (additional space overleaf) [ ]

I consent to act as ** director / secretary of the above named company

Consent signature [ ] **Date** [ ]

* Voluntary details.
† Directors only.
**Delete as appropriate

A director, secretary etc must sign the form below.

Signed [ ] **Date** [ ]

(**a director / secretary / administrator / administrative receiver / receiver manager / receiver)

You do not have to give any contact information in the box opposite but if you do, it will help Companies House to contact you if there is a query on the form. The contact information that you give will be visible to searchers of the public record..

Tel

DX number DX exchange

Companies House receipt date barcode

This form has been provided free of charge by Companies House

Form 10/03

When you have completed and signed the form please send it to the Registrar of Companies at:

Companies House, Crown Way, Cardiff, CF14 3UZ DX 33050 Cardiff
for companies registered in England and Wales or
Companies House, 37 Castle Terrace, Edinburgh, EH1 2EB
for companies registered in Scotland DX 235 Edinburgh
or LP - 4 Edinburgh 2

Company Number

† Directors only. †Other directorships

NOTES
Show the full forenames, NOT INITIALS. If the director or secretary is a corporation or Scottish firm, show the name on surname line and registered or principal office on the usual residential line.

Give previous forenames or surname(s) except:
- for a married woman, the name by which she was known before marriage need not be given.
- for names not used since the age of 18 or for at least 20 years

A peer or individual known by a title may state the title instead of or in addition to the forenames and surname and need not give the name by which that person was known before he or she adopted the title or succeeded to it.

Other directorships.
Give the name of every company incorporated in Great Britain of which the person concerned is a director or has been a director at any time in the past five years.

You may exclude a company which either is, or at all times during the past five years when the person concerned was a director, was
- dormant
- a parent company which wholly owned the company making the return, or
- another wholly owned subsidiary of the same parent company.

Companies House
— for the record —

288b

Please complete in typescript, or in bold black capitals.
CHWP000

Terminating appointment as director or secretary
(NOT for appointment (use Form 288a) or change of particulars (use Form 288c))

Company Number

Company Name in full

Day Month Year

Date of termination of appointment

as director — as secretary — *Please mark the appropriate box. If terminating appointment as a director and secretary mark both boxes.*

NAME *Style / Title — *Honours etc

Please insert details as previously notified to Companies House.

Forename(s)

Surname

Day Month Year

†Date of Birth

A serving director, secretary etc must sign the form below.

Signed — **Date**

* Voluntary details.
† Directors only.
** Delete as appropriate

(** serving director / secretary / administrator / administrative receiver / receiver manager / receiver)

You do not have to give any contact information in the box opposite but if you do, it will help Companies House to contact you if there is a query on the form. The contact information that you give will be visible to searchers of the public record.

Tel

DX number — DX exchange

Companies House receipt date barcode

This form has been provided free of charge by Companies House.

When you have completed and signed the form please send it to the Registrar of Companies at:

Companies House, Crown Way, Cardiff, CF14 3UZ — DX 33050 Cardiff
for companies registered in England and Wales — or
Companies House, 37 Castle Terrace, Edinburgh, EH1 2EB
for companies registered in Scotland — DX 235 Edinburgh or LP - 4 Edinburgh

Form revised 10/03

Companies House
— for the record —

288c

CHANGE OF PARTICULARS for director or secretary *(NOT for appointment (use Form 288a) or resignation (use Form 288b))*

Please complete in typescript, or in bold black capitals.

CHWP000

Company Number

Company Name in full

Changes of particulars form

Complete in all cases

Date of change of particulars — Day Month Year

Name *Style / Title — *Honours etc

Forename(s)

Surname

† Date of Birth — Day Month Year

Change of name *(enter new name)* Forename(s)

Surname

Change of usual residential address ††

(enter new address)

Post town

County / Region — Postcode

Country

†† Tick this box if the address shown is a service address for the beneficiary of a Confidentiality Order granted under the provisions of section 723B of the Companies Act 1985

Other change *(please specify)*

A serving director, secretary etc must sign the form below.

Signed — **Date**

(** director / secretary / administrator / administrative receiver / receiver manager / receiver)

* Voluntary details.
† Directors only.
**Delete as appropriate.

You do not have to give any contact information in the box opposite but if you do, it will help Companies House to contact you if there is a query on the form. The contact information that you give will be visible to searchers of the public record..

Tel

DX number — DX exchange

Companies House receipt date barcode

This form has been provided free of charge by Companies House

Form 10/03

When you have completed and signed the form please send it to the Registrar of Companies at:

Companies House, Crown Way, Cardiff, CF14 3UZ — DX 33050 Cardiff
for companies registered in England and Wales — or
Companies House, 37 Castle Terrace, Edinburgh, EH1 2EB
for companies registered in Scotland — DX 235 Edinburgh or LP - 4 Edinburgh 2

Companies House
for the record

652a

Application for striking off

Please complete in typescript, or in bold black capitals

CHWP000

Company Number

Company Name In Full

I/We as **DIRECTOR(S)** apply for this company to be struck off the register.

In the past three months the company has not:

- traded or otherwise carried on business, or changed its name;
- disposed of for value any property or rights which it would have disposed of for value in the normal course of trading or carrying on business; or
- engaged in any other activity except for the purpose of making this application, settling its affairs or meeting a statutory requirement.

This company is not the subject of, nor the proposed subject of, insolvency proceedings or a section 425 scheme.

I/We enclose the fee of £10 (made payable to Companies House).

Director signatures (use continuation sheet if necessary).

WARNING: TO ALL APPLICANTS

IT IS AN OFFENCE KNOWINGLY OR RECKLESSLY TO PROVIDE FALSE OR MISLEADING INFORMATION ON THIS APPLICATION. YOU ARE ADVISED TO READ THE NOTES OVERLEAF AND TO CONSULT THE GUIDANCE NOTES AVAILABLE FROM COMPANIES HOUSE BEFORE COMPLETING THIS FORM. IF IN DOUBT, SEEK PROFESSIONAL ADVICE.

WARNING:TO ALL INTERESTED PARTIES.

THIS IS AN IMPORTANT NOTICE AND SHOULD NOT BE IGNORED. THE COMPANY NAMED HAS APPLIED TO THE REGISTRAR TO BE STRUCK OFF THE REGISTER AND DISSOLVED. ON DISSOLUTION ANY REMAINING ASSETS WILL PASS TO THE CROWN. THE REGISTRAR WILL STRIKE THE COMPANY OFF THE REGISTER UNLESS HE HAS REASONABLE CAUSE NOT TO DO SO. GUIDANCE NOTES ARE AVAILABLE ON GROUNDS FOR OBJECTION. IF IN DOUBT, SEEK PROFESSIONAL ADVICE.

Name of Director			
Signed		Date	
Name of Director			
Signed		Date	
Name of Director			
Signed		Date	

You do not have to give any contact information in the box opposite but if you do, it will help Companies House to contact you if there is a query on the form. The contact information that you give will be visible to searchers of the public

Tel

DX number DX exchange

Companies House receipt date barcode

This form has been provided free of charge by Companies House.

Form revised 10/03

When you have signed the form send it with the fee to the Registrar of Companies at:

Companies House, Crown Way, Cardiff, CF14 3UZ DX 33050 Cardiff
for companies registered in England and Wales
or
Companies House, 37 Castle Terrace Edinburgh, EH1 2EB
for companies registered in Scotland DX 235 Edinburgh
or LP - 4 Edinburgh 2

Notes:

Guidance notes on all aspects of striking off are available from Companies House. You are advised to read them fully BEFORE completing and returning this form.

If the company ceases to be eligible for striking off at any time after the application is made, then the application must be withdrawn using form 652c. Failure to do so is an offence.

Copies of this application must be sent to all notifiable parties i.e. creditors, employees, shareholders, pension managers or trustees and other directors of the company within 7 days from the day on which the application is made. Copies must also be sent to anyone who later becomes a notifiable party within 7 days of becoming so. You should check the guidance notes which contain a full list of those who must be notified. Failure to notify interested parties is an offence. It is advisable to obtain and retain some proof of delivery or posting of copies to notifiable parties.

This form must be signed by the sole director, by both if there are two, or by the majority if there are more than two. If more than three directors' signatures are required, continuation sheets for this form are available from Companies House.

Companies House
for the record

CHWP000

DCA

For a company limited by shares which is not a subsidiary and where the only transaction is the issue of subscriber shares

Company Number

Company Name in full

Balance Sheet as at

		Current Year	Previous Year
Called up Share Capital not paid	£		
Cash at Bank and in Hand	£		
NET ASSETS		£	£

Authorised share capital:

[ ] ordinary shares of £ [ ] each

Issued share capital:

[ ] ordinary shares of £ [ ] each

SHAREHOLDERS' FUNDS £ £

Notes:

1. During the year the company allotted .... ordinary shares with an aggregate nominal value of £.................... , the consideration received by the company was £....................
2. During the year the company acted as an agent for a person - **If this applies please tick the box**

Statements:

(a) For the year ended ....(date) the company was entitled to exemption under section 249AA(1) of the Companies Act 1985.

(b) Members have not required the company to obtain an audit in accordance with section 249B(2) of the Companies Act 1985.

(c) The director(s) acknowledge(s) responsibility for:

i. ensuring the company keeps accounting records which comply with section 221, and

ii. preparing accounts which give a true and fair view of the state of affairs of the company as at the end of the financial year, and of its profit and loss for the financial year, in accordance with the requirements of section 226, and which otherwise comply with the requirements of the Companies Act relating to accounts, so far as applicable to the company.

These accounts were approved by the Board of Directors

on .... ,
and signed on their behalf by:
Director(s)

You do not have to give any contact information in the box below but if you do, it will help Companies House to contact you if there is a query on the form. The contact information that you give will be visible to searchers of the public record.

Contact details:

03/2006

GUIDANCE TO PREPARING DORMANT COMPANY ACCOUNTS FOR A COMPANY LIMITED BY SHARES WHERE ITS ONLY TRANSACTION IS THE ISSUE OF SUBSCRIBER SHARES AND THE COMPANY IS NOT A SUBSIDIARY: FOR FINANCIAL YEARS ENDING ON OR AFTER 26 JULY 2000.

a. **The attached template for dormant company accounts is only suitable for those companies limited by shares which have never traded and where the only transaction entered into the accounting records of the company is the issue of subscriber shares.**

b. Shares may be fully paid, partly paid or unpaid: any paid element should be shown as "Cash at Bank and in hand", any unpaid element shown as "Called up share capital not paid".

c. The first year's accounts should include note 1 (required by paragraph 39 of Schedule 4 to the Companies Act 1985), thereafter this note should be deleted.

d. Dormant companies acting as an agent for any person must state that they have so acted in the notes to the accounts.

e. A fee or penalty raised on the company for the payment of an annual return (form 363) fee, change of name fee, re-registration fee, or late filing penalty may be omitted from the company records and this DCA form - if the payment was made by a third party without any right of reimbursement.

f. The company directors are responsible for preparing and filing accounts at Companies House that comply with the requirements of the Companies Act and failure to do so may result in prosecution. Should you have any doubt about the company's entitlement to file dormant accounts, or the preparation of those accounts, you should seek professional advice.

g. This guidance only advises on the preparation of abbreviated dormant accounts which can be filed at Companies House. It does not advise on the preparation of full accounts for the members.

Companies House — for the record —

CHFP000

DCA

For a company limited by shares which is not a subsidiary and where the only transaction is the issue of subscriber shares

Company Number 00123456

Company Name in full A Company Limited

Balance Sheet as at 31 July 2002

		Current Year	Previous Year
		2002	
Called up Share Capital not paid (See note **b.** above)	£		
Cash at Bank and in Hand (See note **b.** above)	£	100.00	
NET ASSETS		£ 100.00	£

Authorised share capital:

1000 ordinary shares of £ 1.00 each

Issued share capital:

100 ordinary shares of £ 1.00 each	100.00	
SHAREHOLDERS' FUNDS	£ 100.00	£

Notes:

1. During the year the company allotted 100 ordinary shares with an aggregate nominal value of £ 100, the consideration received by the company was £ 100
2. During the year the company acted as an agent for a person - **if this applies please tick the box** ☐

Statements:

(a) For the year ended 31 July 2002 (date) the company was entitled to exemption under section 249AA(1) of the Companies Act 1985.

(b) Members have not required the company to obtain an audit in accordance with section 249B(2) of the Companies Act 1985.

(c) The director(s) acknowledge(s) responsibility for:

i. ensuring the company keeps accounting records which comply with section 221, and

ii. preparing accounts which give a true and fair view of the state of affairs of the company as at the end of the financial year, and of its profit and loss for the financial year, in accordance with the requirements of section 226, and which otherwise comply with the requirements of the Companies Act relating to accounts, so far as applicable to the company.

These accounts were approved by the Board of Directors on 30 August 2002, and signed on their behalf by:

Director(s) *A Director*

You do not have to give any contact information in the box below but if you do, it will help Companies House to contact you if there is a query on the form. The contact information that you give will be visible to searchers of the public record.

Contact details:

☎

03/2006

An example:

On 1 July 2001 "A Company" Limited was incorporated with authorised share capital of 1,000 ordinary shares of which 100 shares were issued to its sole director. The director paid cash for the shares. The first year accounts are made up to 31 July 2002.

Please Note:
The total of Net Assets should equal the total of Shareholders' Funds.

Please Note:

- **This form is only suitable for dormant companies where the company's only transaction is one mentioned in 'a' above and the company is not a subsidiary.**
- **Do not use this form if your company is a charity or is limited by guarantee or has no shares**
- **Do not use this form if preparing accounts in accordance with International Accounting Standards (IAS)**

When you have completed and signed the form please send it to the Registrar of Companies at:

Companies House,
Crown Way, Cardiff, CF14 3UZ
DX 33050 Cardiff
for companies registered in England and Wales
or
Companies House,
37 Castle Terrace, Edinburgh, EH1 2EB
DX 235 Edinburgh
or LP-4 Edinburgh 2
for companies registered in Scotland

Stichwortverzeichnis

A

Abschreibungsbemessungsgrundlagen 36
Abwicklung 58
Accounting Reference Date 21
AG, kleine 15
AfA 36
AfA-Volumen 38
Aktiengesetz 14
Altersstruktur 33
Altersvorsorge 28, 75
Altverbindlichkeiten 13, 14
Amtsgericht 42, 75
Annual Accounts 89
Annual general meeting 22
Annual Return 20, 21, 78, 89, 111
Anteile, einbringungsgeborene 36
Apostille 43
Arbeitnehmermitbestimmung 7
Arbeitsvertrag 20, 42
Articles of Association 20, 24, 41, 51
Aufsichtsrat 7, 14, 15, 16
Ausfallwahrscheinlichkeit 69
Außenverhältnis der Gesellschaft 23
authorised share capital 50, 51, 110, 111

B

Basel II 68, 69
Bemessungsgrundlage 31, 36, 59
Beschlussmehrheiten 52
Besitzzeitanrechnung 36
Besloten Vernootschap 17
Besteuerungsmerkmale 36
Betriebsaufspaltung 55, 75
Betriebsausgabe 28, 59, 87
Betriebsrisiken 24, 26, 77, 86
betriebsstättenbegründend 64
Betriebsstättenerlass 65, 66
Beurkundung, notarielle 16, 25, 27, 50
board of directors 19, 110, 111
Bonitätsprüfung 69
Buchwertansatz 36
Bundesanzeiger 27, 54
Bundesfinanzhof 61, 63,
Bundesgerichtshof 5, 7, 85
Bürokratie 73

C

Centros Urteil 6, 7, 85
Certificate of Incorporation 23, 38
Companies Act 1, 8, 18, 20, 24, 50, 52, 83, 95, 98, 103, 104, 107, 110, 111
Companies Act 2006 1
Companies House 97, 99, 100, 102, 103, 104, 106, 107, 108, 109, 110, 111
Companies limited by guarantee 18
Companies limited by shares 18, 111
Company Secretary 19, 20, 78
Consent to short Notice 23

D

Director 9, 10, 19, 20, 21, 22, 24, 27, 38, 41, 42, 43, 44, 48, 49, 50, 51, 53, 97, 98, 102, 103, 104, 105, 106, 107, 108, 109, 110, 111
Disqualifizierung des Directors 22
Doppelbesteuerungsabkommen 42, 62, 63, 87
Dormant Company Account 21, 55, 87, 111
Durchgriffshaftung 8, 9, 24, 48, 68, 75

E

Ebay 72, 73
E-Commerce Richtlinie 65
Einbringung zu Zwischenwerten 36
Einbringungsgewinn 36
Eingehungsbetrug 25, 48, 49
Einkommensteuer 37, 59
Einlage 12, 14, 16, 54, 55, 56, 57, 68, 85, 87
Einlageleistungspflicht 68
Ein-Mann GmbH 51
Eintragungskosten 39
Einzelunternehmer 55, 68, 70, 71, 76, 88, 92
Einzelvertretungsmacht 56
Elective Resolution 22, 52
Entnahmen 55
Erben 13, 51
Erbrecht 51
Erfüllungsort 39, 90

EuGH 5, 6, 7, 31, 61
Europäische Aktiengesellschaft 17
extraordinary general meeting 22, 23
Extraordinary Resolution 52

F

Familiengesellschaften 63
Finance Act 32, 101
Finanzamt 21, 27, 32, 37, 41, 53, 59, 62, 82, 84, 86, 89, 91, 95,
Firmenbuchgericht 42
Fortführungsprognose 49
fraudulent trading 9, 25, 84

G

Genehmigungen 44, 86, 92, 82
Gerichtsstand 39, 40, 41, 90, 82
gesamtschuldnerisch 7, 48, 57, 82
Gesamtvertretungsbefugnis 43, 82
Geschäftsjahr 2, 21, 22, 88, 89, 91, 82
Geschäftsrisiko 74, 82
Geschäftssitzänderung 74, 82
Geschäftszweck 23, 43, 44, 85, 82, 18
Gesellschaft bürgerlichen Rechts 72, 11, 82
Gesellschafterbeschluss 18, 20, 23, 27, 43, 52, 83, 82
Gesellschafter-Darlehen 30, 82
Gesellschafterversammlung 15, 19, 20, 22, 23, 52, 82
Gesellschaftsrechtliche Streitigkeiten 40, 82
Gesellschaftsregister 19, 51, 82
Gesellschaftsvertrag 11, 23, 24, 40, 41, 43, 49, 52, 54, 55, 56, 57, 58, 82
Gewerbeam 41, 80, 82, 86
Gewerbeanmeldung 42, 56, 80, 82
Gewerbeerlaubnis 39, 82
Gewerbesteuer 28, 37, 59, 68, 87, 82
Gewerbesteuer-Hebesatz 37, 82
Gewerbesteuerschuld 59, 82
Gewerbeverbot 44, 93, 82
Gewinnabrechnung 65, 66, 82
Gläubigerschutz 1, 22, 49, 82
GmbH Gesetz 15, 30, 82
GmbH in Gründung 38, 83, 82
Grundkapital 14, 15, 25, 82
Gründungsagenturen 21, 83, 85, 87, 89, 93, 82
Gründungsbeschluss 42, 83
Gründungskosten 31, 49, 73, 82
Gründungsland 7, 82
Gründungsstaat 5, 82
Gründungstheorie 4, 5, 40, 48, 82
Gründungsvorschriften 6, 82

H

Haftung 1, 2, 4, 5, 6, 7, 8, 9, 11, 13, 14, 15, 16, 17, 18, 19, 23, 24, 25, 26, 27, 37, 38, 39, 48, 49, 51, 54, 55, 56, 57, 58, 59, 68, 69, 71, 72, 73, 75, 77, 79, 84, 85, 86, 87, 92, 93, 82
Haftungsfreistellung 8, 24, 39, 71, 82
Haftungskapital 1, 2, 6, 16, 18, 23, 26, 49, 51, 54, 69, 77, 84, 85, 82
Haftungsrisiken 11, 49, 72, 92, 82
Halbeinkünfteverfahren 59, 60, 75, 76, 82
Hamburger Urteil 8, 25, 79, 82
Handelsgewerbe 11, 54, 55, 57, 82
Handelsregister 6, 8, 11, 12, 14, 15, 21, 24, 26, 27, 31, 35, 38, 39, 40, 41, 42, 43, 44, 52, 54, 55, 56, 57, 58, 71, 74, 78, 79, 80, 81, 82, 83, 85, 86, 87, 89, 91, 93, 95, 82
Handlungsvollmacht 43, 82
Handwerkerpflichtversicherung 24, 28, 82
Handwerksrolle 28, 82
Hauptversammlung 10, 14, 15, 16, 22, 82
Herstellungskosten 67, 82
Honestly 24, 82
House of Cardiff 22, 23, 43, 82

I

Income Tax Act 32, 82
Inhaberpapiere 51, 82
Inland Revenue 27, 83, 95, 82
In-Sich-Geschäfte 9, 82
Insolvenzantrag 9, 46, 48, 82
Insolvenzantragspfl icht 9, 48, 82
Insolvenzrecht 1, 9, 30, 45, 46, 48, 79, 82
Insolvenzverfahren 1, 8, 45, 46, 47, 48, 49, 50, 58, 79, 90, 93, 82
Insolvenzstatut 46, 82
Inspire Art Urteil 6, 82
Institutsmissbrauch 8, 82
Interessenkonflikte 19, 82
issued capital 51, 82

J

Jahresabschluss 4, 20, 21, 38, 57, 58, 63, 82

K

Kapitalaufbringung 7, 82
Kapitalerhaltungsregeln 69, 82
Kapitalerhöhung 15, 24, 25, 27, 35, 77, 78, 83, 86, 82
Kaufmann 1, 11, 13, 18, 24, 30, 40, 54, 58, 71, 72, 82
Kaufmannseigenschaft 40, 82
Kiel 8, 9, 83
Kieler Urteil 8, 9, 83
Kolonialmacht 5, 83
Kommandit-Aktionäre 16, 83
Kommanditeinlage 55, 83
Kommanditgesellschaft 12, 16, 57, 58, 83
Kommanditist 12, 13, 14, 16, 54, 55, 56, 57, 58, 59, 83
Komplementär 12, 14, 16, 54, 55, 56, 57, 58, 59, 87, 83
konstitutiv 40, 83
Körperschaftsteuer 21, 31, 37, 59, 68, 79, 83
Kreditvergabepraxis 69, 83
Kreditwürdigkeit 69, 83

L

Liquidationsbesteuerung 32
London Gazette 27
Löschung 14, 21, 58

M

Memorandum of Association 23, 50, 51
Mindestkapital 7, 31, 49
Mitbestimmungsgesetz 7
Mitgliedstaat 3, 4, 6, 7, 40, 44, 46
MoMiG 1
Memorandum of Association 23, 50, 51

N

Nachlassverwaltung 13
Näheverhältnis 66
Nennwert 15, 50
Niederlassungsfreiheit 1, 3, 4, 6, 7, 8, 19, 65, 85
non trading company 55
Notargebühren 43
Nullsteuererklärung 21

O

OECD-Musterabkommen 32, 63, 64
Offene Handelsgesellschaft 11
Offenlegungspflichten 12, 13, 16, 22
Offenlegungsvorschriften 1
Ordinary Resolution 23, 51, 52

P

Partnership 12, 18
Personalstatut 40
Personengesellschaft 1, 13, 16, 18, 19, 25, 26, 35, 37, 38, 54, 58, 59, 62, 72, 79, 86
Personenhandelsgesellschaft 54
pre-emption-rights 51
Private Company Limited By Shares 17
Privatvermögen 11, 12, 13, 14, 25, 37, 48, 72, 84, 86
Prokura 57
Publizität 6
Publizitätspflicht 39, 58

R

Rating 69
reasonably 24
Rechnungslegungsvorschriften 58
Rechtsformwechsel 35
Rechtspersönlichkeit 24, 38
Registered Office 102
Registervorschriften 20
Rentenerwartung 30
Rentenpflichtversicherung 28, 30, 31

S

Sachgründung 28, 30, 31
Sanierungsfrist 48
Sanktionsmaßnahmen 49
Satzungsänderung 18, 24, 43, 77, 78, 86
selbstschuldnerisch 71
Server-Betriebsstätte 64, 65
shareholders agreement 41
Shares 17, 18, 27, 50, 51, 96, 97, 98, 100, 110, 111

Sitztheorie 4, 5, 7, 85
Sociedad Limitada Nueva Empresa 17
Sole Trader 18
Sorgfaltsmaßstab 48
Sozialabgaben 31
Special Resolution 23, 52, 103
Stammkapital 12, 15, 17, 22, 31, 47, 54, 59, 73, 77, 84, 86
stamp duty 27, 51, 101
Steuerberatungskosten 26, 92
Steuererklärung 21, 62
Steuernummer 39, 42, 80, 82, 88
Steuerplanung 2, 61, 62, 64, 65, 66
Steuervorteil 28, 32, 75, 76
Stille Gesellschaft 12, 55
stock transfer form 51, 83, 91, 100

T

Table A 10, 24, 51
Tax Management 61
thesauriert 60
Tie-Breaker Regelung 32
transfer of shares 51
Treuepflichten 19
Treugeber 53
Treuhänder 19, 52, 53, 93
Treunehmer 52

U

Überschussanteile 30
Überseering Urteil 6
Umwandlungssteuergesetz 35, 88
unlimited companies 18
Unterkapitalisierung 2
Urheberrechtsreform 74

V

Veräußerungsgewinn 36, 37, 38, 75
Versicherungspflicht 28, 30
Vertretungsbefugnis 41, 43, 55
Vertretungsberechtigung 43
Verwaltungssitz 2, 4, 5, 6, 7, 8, 17, 32, 39, 40, 41, 44, 46, 47, 68
Vorstand 14, 15, 16, 69

W

Welteinkommen 31
Wirtschaftsprüfer 25, 52
wrongful trading 24, 48, 84

Z

Zugriffsrecht 38
Zweigniederlassung 3, 4, 6, 23, 24, 26, 39, 42, 43, 44, 63, 81, 85
Zweigniederlassungsrichtlinie 3, 39, 44
Zwischengesellschaften 63, 66
Zwischenwert 36, 37